Grundausbildung für Gebrauchshunde

Marianne Schmidt · Walter Koch

Grundausbildung für Gebrauchshunde

Schäferhund, Boxer, Rottweiler, Dobermann, Riesenschnauzer,
Airedaleterrier, Hovawart und Bouvier

Zum Thema Hunde ist im FALKEN Verlag unter anderem erschienen:
»Hundeausbildung« (Nr. 346)
»Der Deutsche Schäferhund« (Nr. 1091)
»Richtige Hundeernährung« (Nr. 811)
»Alles über junge Hunde« (Nr. 863)
»Hundekrankheiten« (Nr. 1077)
»Hunde« (Nr. 4118)
»Das neue Hundebuch« (Nr. 009)
»Dackel, Teckel, Dachshunde« (Nr. 1079)
»Der Hund in der Familie« (Nr. 1014)

Unser Beitrag zum Umweltschutz:
Papier aus chlorfrei gebleichtem Zellstoff

ISBN 3 8068 0801 5

© 1994 by Falken-Verlag GmbH, 65527 Niedernhausen/Ts.
Die Verwertung der Texte und Bilder, auch auszugsweise, ist ohne Zustimmung des Verlags urheberrechtswidrig und strafbar. Dies gilt auch für Vervielfältigungen, Übersetzungen, Mikroverfilmung und für die Verarbeitung mit elektronischen Systemen.
Umschlaggestaltung: Zembsch' Werkstatt, München
Titelbild: Ingo Schlattmann, Lünen-Brambauer
Fotos: Reinhard-Tierfoto, Heiligkreuzsteinach-Eiterbach: S. 17, 27, 37, 47, 57, 77, 87; Bildagentur Prenzel IFA/Prenzel, München: S. 67; Ingo Schlattmann, Lünen-Brambauer: alle s/w-Fotos und Rückseitenfoto
Zeichnungen: Ralf Brunner, Dortmund
Die Ratschläge in diesem Buch sind von den Autoren und vom Verlag sorgfältig erwogen und geprüft, dennoch kann eine Garantie nicht übernommen werden. Eine Haftung der Autoren bzw. des Verlags und seiner Beauftragten für Personen-, Sach- und Vermögensschäden ist ausgeschlossen.
Satz: Main-Taunus-Satz Giebitz + Kleber GmbH, Eschborn
Druck: Wiesbadener Graphische Betriebe GmbH, Wiesbaden

07080186X 817

Inhalt

Zum Geleit — 7

Vorwort — 8

Die Gebrauchshundrassen — 9

Welpenkauf — 9
Tips vor der Anschaffung des Welpen — 9
Abholung und Transport des Welpen — 11

Der neue Hausgenosse — 11
Die Eingewöhnung — 11
Fütterung — 12
Der Zwinger — 13
Stuben- und Zwingerreinheit — 14

Kleine Hundepsychologie — 16

Der kranke Hund — 16
Aujeszkysche Krankheit — 19
Bauchspeicheldrüsenschwäche — 19
Magendrehung — 19
Ohrenerkrankung — 19
Prostatavergrößerung — 19
Zwingerhusten — 20

Was der Welpe lernen muß — 20
Gewöhnen an Halsband und Leine — 20
Umgang mit Artgenossen — 21
Autofahren — 21

Die Schutzhundausbildung — 23
Allgemeines — 23
Fährtenarbeit — 24
   Das Leistungsvermögen der Hundenase — 24
   Der Welpe lernt fährten — 24
   Fährten mit dem Junghund und systematisches Erhöhen des Schwierigkeitsgrades — 31
   Witterungs- und Bodenverhältnisse — 33
   Gegenstände — 34

Inhalt

Allgemeine Tips und Korrektur von Fehlverhalten — 36
Schutzhund-II- und Schutzhund-III-Fährten — 39
Gehorsamsverweigerung, was tun? — 40
Eine Auflockerungsübung — 42
Unterordnung — 42
   Spielerische Gehorsamsübungen — 42
   Leinenführigkeit und Freifolge — 44
   Sitz — 49
   Platz — 52
   Apportieren — 56
   Springen — 63
   Springen über die Hürde — 63
   Springen über die Schrägwand — 65
   Voraus — 69
   Steh — 71
   Schußgleichgültigkeit — 74
   Gehen durch eine Menschengruppe — 75
Schutzdienst — 75
   Allgemeines — 75
   Beutetrieb — 76
   Wehrtrieb — 81
   Stellen und Verbellen — 83
   Ablassen vom Helfer — 86
   Revieren — 90
   Transport des Helfers — 93
   Verfolgung des fliehenden Helfers — 94
   Überfall aus dem Versteck — 96
   Fluchtverhinderung — 98
   Stockschläge — 99
   Herausrufen des Hundes aus dem Versteck — 100

Ratschläge vor der ersten Prüfung — 101
Allgemeines — 101
Betrifft Fährtenarbeit — 101
Betrifft Unterordnung — 102
Betrifft Schutzdienst — 102

Register — 103

Zum Geleit

Die Gebrauchseigenschaften unserer Hunde zu fördern ist unter den heutigen Umweltbedingungen zweifellos eine vorrangige Aufgabe der Kynologie. Wie erfolgreich sie bewältigt wird, hängt in erster Linie von der Zahl und der Qualifikation derer ab, die sich zum Ziel gesetzt haben, für Sport und Dienstgebrauch taugliche Rassehunde zu züchten. Die überwältigende Mehrheit derer, die mit ihren Hunden arbeiten oder mit ihnen Sport treiben, tut dies nicht ohne Grund mit Rassehunden – mit Hunden solcher Rassen nämlich, deren vom Standard geforderte Merkmale sie in besonderer Weise für den beabsichtigten Einsatz befähigen. Darüber hinaus aber bedarf es qualifizierter Hundehalter und -führer mit soliden Kenntnissen erfolgversprechender und artgerechter Erziehungs- und Ausbildungsmethoden, denn auch der bestveranlagte Hund wird ohne Anleitung nicht zum zuverlässigen Gebrauchshund. Hier muß der Mensch unterstützend tätig werden.

Die Verfasser dieses Buches, Marianne Schmidt und Walter Koch, langjährige Mitglieder des DVG, Teilnehmer zahlreicher Ausscheidungs- und Siegerprüfungen und Träger des goldenen VDH-Hundeführer-Sportabzeichens mit Silberkranz, haben selbst mit beachtlichem Erfolg Schutzhunde ausgebildet. Ich bin überzeugt, daß sie die Frage »Wie sag ich's meinem Hunde?« nicht nur für sich selbst, sondern mit diesem Buch auch für Unvorbelastete verständlich und nachvollziehbar beantwortet haben. Ihrer Anleitung zur Erziehung und Ausbildung von Gebrauchshunden wünsche ich deshalb den gebührenden Erfolg.

Dr. Wilfried Peper

1. Präsident des Verbandes
für das Deutsche Hundewesen

Vorwort

Der Gebrauchshundesport ist unser Hobby. Wir möchten unsere Erfahrungen weitergeben und wenden uns mit unserem Buch speziell an die Hundefreunde, die sich einen Welpen zulegen, um ihn auszubilden und später auf Leistungsprüfungen zu führen. Dem Laien soll hier in klar verständlicher und nachvollziehbarer Weise der gesamte Komplex Gebrauchshundeausbildung vermittelt werden.
Es gibt bereits einige Darstellungen über Erziehung und Abrichtung des Gebrauchshundes. Wir wollen keine der aufgezeigten Methoden verwerfen, bekanntlich führen viele Wege nach Rom. Wir wollen vielmehr dem Neuling einen zuverlässigen Ratgeber an die Hand geben, der ihn befähigt, sich in die Materie hineinzudenken, und mit dem er ziemlich selbständig die Grundausbildung seines Hundes vornehmen kann.
Wer jedoch absolute Erfolgsgeheimnisse oder allgemeingültige Patentrezepte zu finden hofft, wird enttäuscht sein. Wir dürfen eines nicht vergessen: jeder Hund ist ein Individuum für sich. Die oft sehr unterschiedlichen Charaktereigenschaften und Leistungsveranlagungen erfordern eine dementsprechende individuelle Behandlung. Die in diesem Buch enthaltenen Ausbildungshinweise sind nur in etwa eine Richtschnur. Sie bedürfen zusätzlich der Fähigkeit des Hundeführers, flexibel mitzudenken und mit Konsequenz und Einfühlungsvermögen auf das Verhalten speziell seines Hundes einzugehen.
Es kann daher durchaus einmal der Fall sein, daß sich bei Anwendung einer von uns empfohlenen Methode kein unmittelbarer Erfolg einstellt. In diesem Zusammenhang können wir versichern, daß es auch für uns manchmal ein fast unlösbares Problem gibt. Wir glauben etwas von der Sache zu verstehen, aber auch bei uns bleiben Fragen und Wünsche offen, auch wir erreichen nicht immer das Ausbildungsziel in höchster Vollendung. Das sollte sich gerade ein Anfänger immer vor Augen halten. Die Freude am Hund muß immer als primärer Aspekt gesehen werden.
In diesem Buch handelt es sich um Erziehungs- und Ausbildungsmethoden, die wir an Deutschen Schäferhunden erprobt haben und mit denen wir Erfolg hatten. In den meisten Fällen jedoch werden unsere Ratschläge auf alle anderen Gebrauchshunderassen übertragbar sein.
Unerläßlich für die Ausbildung ist eine Prüfungsordnung, die über einen Rassezucht- oder Gebrauchshundeverein bezogen werden kann und auf deren Wortlaut wir bewußt verzichten. Wenn wir den Kreis der Freunde des Hundesports erweitern können, dann ist unser Ziel erreicht.

Die Gebrauchshundrassen

Als Gebrauchshunde galten zunächst sechs Hunderassen. Es waren der Deutsche Schäferhund, der Boxer, der Rottweiler, der Dobermann, der Riesenschnauzer und der Airedaleterrier. Später kam der Hovawart und zuletzt der Bouvier hinzu. Schon wegen ihrer Körpergröße, aber auch auf Grund der Charakter- und Wesenseigenschaften kommen sie vorwiegend für die Gebrauchshundausbildung in Frage. Auch bei den diensthundhaltenden Behörden trifft man neben dem Deutschen Schäferhund die anderen Rassen vereinzelt an, wobei natürlich immer die Leistungsveranlagung des einzelnen Hundes eine Rolle spielt.

Man sollte wissen, daß es unter diesen Hunderassen immer wieder Tiere gibt, die für eine Schutzhundausbildung absolut nicht geeignet sind.

Welpenkauf

Tips vor der Anschaffung des Welpen

Man kann noch so gewissenhaft auswählen; Welpenkauf ist und bleibt Glückssache! Es gibt jedoch einige Grundregeln, die beachtet werden sollten.

Wenn es nun also ein Gebrauchshund sein soll, gibt es die Möglichkeit, sich über die monatlich erscheinende Zeitschrift »Der Rassehund« mit verschiedenen Züchtern in Verbindung zu setzen. Auch über die einzelnen Rassezuchtvereine, deren Anschriften dem »Rassehund« zu entnehmen sind, kann man Züchteradressen erfahren.

Die Zeitschrift ist zu beziehen bei dem VDH, Hoher Wall 20,
44137 Dortmund.

Soll der neue Hausgenosse ein Deutscher Schäferhund sein, kann man die Hauptgeschäftsstelle des Schäferhundvereins in Augsburg anschreiben und um Übersendung des letzten ebenfalls monatlich erscheinenden SV-Heftes bitten. Eine große Anzahl darin enthaltener aktueller Verkaufsanzeigen bietet Gelegenheit, mit verschiedenen Züchtern Verbindung aufzunehmen. Es ist gerade dem Laien unbedingt zu empfehlen, mehrere Würfe anzuschauen, um Vergleichsmöglichkeiten zu haben.

Meistens werden in der näheren Umgebung eine ganze Anzahl Welpen angeboten. Auf keinen Fall sollte man bei Hundehändlern kaufen, die in Tageszeitungen preiswerte Angebote machen!
Wenn man sich schon die Mühe macht, einen Welpen großzuziehen, dann sollte es auch ein Tier mit gültigem Abstammungsnachweis sein, denn nur unter dieser Voraussetzung stehen später alle Möglichkeiten – wie Zucht und Teilnahme an Ausstellungen – offen. Für die Teilnahme an Schutzhundprüfungen beim Gebrauchshundeverein sind Papiere nicht erforderlich. Wer einen Hund kauft und irgendwelche Zweifel hat oder aber ganz sichergehen will, sollte ihn einem Tierarzt vorstellen. Man kann im Kaufvertrag vermerken: Kauf erfolgt vorbehaltlich einer innerhalb von drei Tagen vorgenommenen tierärztlichen Untersuchung.
Eine Frage stellt sich: Rüde oder Hündin?
Man sollte wissen, daß eine Hündin etwa ab dem 7. Monat zweimal im Jahr läufig wird, was dem Halter in vieler Hinsicht zu schaffen machen kann. Rüden sind da problemloser. Die verbreitete Meinung, eine Hündin sei anhänglicher und besser lenkbar, können wir nicht teilen.
Der Welpe sollte entwurmt und gegen Parvovirose geimpft sein, wenn er vom Züchter übernommen wird. Er besitzt beim Kauf bereits einen Impfausweis. Die Ahnentafel wird dem Käufer zwischen dem 3. und 5. Lebensmonat des Welpen zugeschickt. Bei einem Rüden sollte auf jeden Fall geprüft werden, ob beide Hoden vorhanden sind.
Es ist äußerst schwierig, bei einer Welpenschar Charaktermerkmale herauszufinden, die Schlüsse auf eine spätere Entwicklung zulassen. Auf jeden Fall ist vom Kauf abzuraten, wenn ein Hund vor Besuchern flüchtet und sich ausgesprochen scheu und ängstlich zeigt, denn dieses Verhalten wird er mit Sicherheit nicht ablegen.
Ein kleines Lederhalsband, eine leichte 2 bis 3 Meter lange Leine, zwei Futterschüsseln aus Metall sowie ein Tennisball sollte bereits bei Ankunft des Welpen vorhanden sein. Man kann das alles beim örtlichen Handel erwerben.
Auf größeren Zucht- und Leistungsveranstaltungen werden von spezialisierten Händlern Hundesport- und Pflegeartikel angeboten.
Dort kann man alles kaufen, was zur Hundeausbildung notwendig ist.
Folgendes sollte man sich anschaffen: ein Gliederhalsband, eine 1 Meter lange Leine, eine Leine mit Karabinerhaken an beiden Enden (zum Anbinden), eine 10 Meter lange Suchleine, ein Apportierholz sowie Striegel, Kamm und Bürste.

Abholung und Transport des Welpen

Nun ist es also soweit; der Kauf ist perfekt! Wir sprechen mit dem Züchter einen Termin für die Abholung ab, die morgens erfolgen sollte, damit wir den Welpen tagsüber beobachten und uns mit ihm beschäftigen können. Oft ist das größte Heimweh am Abend schon überstanden.

Züchter wissen es im allgemeinen, man sollte aber noch einmal daran erinnern, daß der Welpe am Abend vorher nicht mehr gefüttert werden darf.

Man sollte sich immer die Zeit nehmen, den Hund zu zweit abzuholen. Es ist gut, wenn sich jemand während der Fahrt um den kleinen Kerl kümmern kann. In der Regel ist es die erste Autofahrt in seinem Leben; ein erstes aufregendes Erlebnis.

Wir setzen den Welpen auf eine alte Decke zu unseren Füßen und vergessen nicht, die Heizung dort abzustellen. Kleenextücher sollte man bereithalten, denn nicht selten erbricht sich ein junger Hund während der ersten Autotour. Wir sprechen beruhigend auf ihn ein, streicheln und kraulen ihn, nehmen ihn jedoch keinesfalls auf den Schoß, wenn er jammert und diesen zu erklimmen versucht. Dieses Tabu muß er in Kauf nehmen, ansonsten machen wir ihm die Fahrt so angenehm wie möglich.

Wir haben uns erkundigt, was gefüttert worden ist, und lassen uns von dem Futter gegebenenfalls etwas mitgeben, um eine plötzliche Umstellung zu vermeiden.

Der neue Hausgenosse

Die Eingewöhnung

Zu Hause angekommen, lassen wir unserem Welpen erst einmal Zeit, sein neues Domizil zu beschnuppern und in Augenschein zu nehmen. Es sollten nicht sämtliche Familienmitglieder über ihn herfallen und seine Sympathie zu erringen versuchen. Kommt er zum einen oder anderen von selbst, wird er natürlich gekrault. Wir lassen ihn anfangs nur kurz in die Wohnung, damit dort kein See produziert wird. Welpen »müssen« ganz furchtbar oft; die Zeitabstände vergrößern sich aber, je älter sie werden.

Nach etwa einer halben Stunde sollte dann dem Hund sein Futter verabreicht werden, er hat ja längere Zeit nichts gefressen und müßte hungrig sein. Gefüttert wird am Liegeplatz beziehungsweise im Zwinger, der den meisten Gebrauchshunden als Aufenthaltsort dient. Nach dem Fressen tragen wir unseren Welpen an einen dafür ausgewählten Platz, wo er sein Geschäft erledigen kann. Erst danach überlassen wir ihn im Zwinger seinem Schicksal, denn er muß als erstes lernen, sich mit dem Alleinsein abzufinden. Zunächst wird er eine Zeitlang einen Höllenspektakel machen, was wir unbedingt ignorieren müssen. Irgendwann verlassen ihn dann die Kräfte, und der hundemüde kleine Kerl schläft ein.

Im Laufe des Tages beschäftigen wir uns ab und zu mit ihm; mittags bekommt er wieder sein Futter. Auf keinen Fall gehen wir zu ihm und lassen ihn aus seinem Gehege, wenn er gerade jault. Er würde das als Erfolgserlebnis betrachten und sein Bemühen, sich bemerkbar zu machen, immer wiederholen. Gerade das wollen wir ihm ja so schnell wie möglich abgewöhnen. Eine wichtige Regel: nach dem Füttern braucht der Hund seine Ruhe!

Es ist ratsam, die unmittelbaren Nachbarn über den Einzug des neuen Hausgenossen zu informieren. Verständnisvolle Tierfreunde werden dann in Kauf nehmen, wenn er in den ersten Tagen ab und zu jammert.

Fütterung

Der junge Hund sollte möglichst bis etwa zum 6. Lebensmonat dreimal täglich gefüttert werden. Kleinere Mengen bekommen ihm besser. Danach wird die Fütterung auf zweimal täglich umgestellt. Wenn der Hund ein Jahr alt ist, kommt er mit einer Mahlzeit aus.

Die Futterration muß in der Menge verabreicht werden, die sofort und vollständig verzehrt wird. Bleibt ein Rest über, war es zuviel, und das Futter muß reduziert werden. Neben dem Trockenfutter, das in einer großen Vielfalt angeboten wird, bietet sich als Abwechslung Reis an, den man in Knochenbrühe abkocht. Die Knochen bekommen wir preiswert, wenn nicht sogar kostenlos von unserem Metzger. Eine tägliche Kalkbeigabe ist unerläßlich, eine Mineralstoffzugabe ist ebenfalls wichtig. Kalk- und Mineralstoffe bekommt man in den Zoo- und Futtermittelhandlungen. Ansonsten kann dem Futter wechselweise Quark (Hüttenkäse), Honig sowie ab und zu ein Ei, eine Banane oder geriebene Möhren beigemischt werden. In den Wintermonaten kann dem Junghund ein Löffel Lebertran täglich nicht schaden. Von der Frischfleischfütterung ist man in den letzten Jahren ganz abgekommen, zumal seit bekannt ist, daß durch rohes Schweinefleisch die Aujeszkysche Krankheit entstehen kann. Gegen Pansen und Blättermagen (Rind) ist nichts einzuwenden.

Zum Ausgleich für die mangelnde Beanspruchung des Kiefers beim Trockenfutter geben wir unserem Hund ein- bis zweimal wöchentlich einen Kalbsknochen. Eine erhöhte Knochengabe vermeiden wir, da Ver-

dauungsstörungen die Folge sein können.
Der Hund soll sich immer hungrig auf seinen Napf stürzen. Tut er das nicht, sondern schnüffelt lustlos und fischt sich mit langen Zähnen einen Brokken heraus, muß der Napf unbedingt sofort wieder verschwinden. Auf keinen Fall darf er durch Streicheln oder Streitigmachen zum Fressen animiert werden.
Aufpassen heißt es, wenn wir es mit einem Vielfraß zu tun haben. Der würde sich die doppelte Portion einverleiben, die ihm zusteht! Ein überfütterter Hund ist nicht nur ein unschöner Anblick, er kann auch Gesundheits- und Wachstumsstörungen davontragen, und sein Wohlbefinden leidet erheblich.

Der Zwinger

Bei Gebrauchshunden wird in den meisten Fällen Zwingerhaltung in Frage kommen, was nicht bedeuten muß, daß der Vierbeiner nicht auch mal ins Haus darf.
Eines muß man wissen: ein vernünftiger Zwinger ist eine recht kostspielige Angelegenheit! Der Standort muß so gewählt werden, daß fremde Personen außerhalb des Grundstücks keinen Kontakt zum Hund herstellen können. Wenn die Möglichkeit besteht, ihn am Haus zu montieren, hat man bereits eine feste Rückwand. Drei Seiten des Zwingers sollten zu und nur eine Seite offen sein. Hierbei muß

beachtet werden, daß die Wetterseite (Westen) keinesfalls offen sein darf.
Auf keinen Fall sollte man Maschendraht verwenden; Eisenstäbe haben sich am besten bewährt, da sie ein Aufrechtstellen des Hundes unmöglich machen.
Als ideale Maße haben sich 200 cm x 400 cm als Grundfläche und 180 cm als Höhe bewährt. Eine Überdachung sollte man in jedem Fall vorsehen. 200 cm x 300 cm der Grundfläche bestehen aus Beton oder Platten. Dabei muß man ein Gefälle vorsehen damit der Zwinger ausgespritzt werden kann.
Es hat sich bewährt, 100 cm x 200 cm etwa 20 cm tief auszuheben, eine passende kleinmaschige Baustahlmatte einzulegen und mit Sand aufzufüllen. Der Hund kann dann keine Löcher

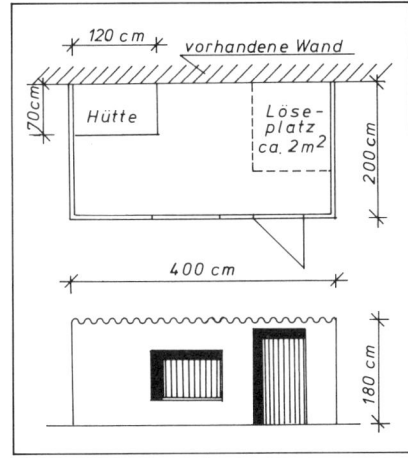

Der Zwinger

buddeln, hat aber die Möglichkeit, im Notfall dort sein Geschäft zu verrichten, muß er mal aus irgendeinem Grund länger als gewohnt im Zwinger verbleiben.

Mit einer Hütte und einem großen Liegebrett wäre die Hundewohnung komplett. Die Hundehütte dient nur als Schlafplatz und darf auf keinen Fall zu groß ausfallen, damit die Temperatur, die durch die Körperwärme entsteht, im Winter dem Hund von Nutzen ist. Sie sollte etwa 70 cm breit, 120 cm lang und 75 cm hoch sein. Als Schlupflochgröße reichen ungefähr 30 cm in der Breite und 45 cm in der Höhe aus. So ist gewährleistet, daß nicht zuviel gespeicherte Wärme abfließt.

Eine Schüssel mit sauberem Wasser sollte ständig im Zwinger zur Verfügung stehen.

Stuben- und Zwingerreinheit

Wir können den Welpen am besten zur Sauberkeit erziehen, wenn wir ihn ständig in unserer Nähe haben. Das ist bei einem Wohnungshund der Fall. Obwohl Gebrauchshunde überwiegend im Zwinger gehalten werden, wollen wir zunächst das Thema Stubenreinheit ansprechen.

Wenn der Hund im Haus gehalten werden soll, ist für ihn bereits ein fester Liegeplatz vorgesehen. Wir besorgen uns einen stabilen Pappkarton oder eine Holzkiste. Der Welpe muß bequem darin liegen können, größer sollte die Grundfläche nicht sein. Er darf auf keinen Fall die Möglichkeit haben, selbständig auszusteigen. Die Kiste muß also hoch genug sein. Sie wird mit einem Stück Fell oder einer Wolldecke ausgelegt; ein kleines Spielzeug (zum Beispiel ein kleiner Gummiigel) sollte darin nicht fehlen.

Hunde gewöhnen sich schnell an einen bestimmten Platz, an dem sie ihr Geschäft erledigen. In unmittelbarer Nähe des Hauses haben wir diesen Ort ausgesucht und tragen den Welpen bald nach seiner Ankunft dorthin. Löst (entleert) er sich anfangs nicht, wiederholen wir die Prozedur nach ein paar Minuten. Es wird nicht lange dauern, bis der Hund zumindest eine Pfütze macht. Natürlich wird er dann überschwenglich gelobt. Er wird nun diesen Ort als seine Toilette betrachten. Wir müssen ihm nur immer die Möglichkeit geben, sich dort zu entleeren.

Jetzt heißt es aufpassen: wenn er aus dem Schlaf erwacht und wenn er gefressen hat, muß der Welpe sein Geschäft verrichten, und wir tragen ihn zu diesem Zweck sofort hinaus. Das gleiche gilt, wenn wir eine Zeitlang mit ihm gespielt haben. Ein unbeaufsichtigter Welpe wird sich, da er allein noch nicht zu seinem Örtchen gelangen kann, in der Wohnung entleeren. Das sollte auf keinen Fall passieren! Aber zum Glück haben wir ja die Kiste, die er allein nicht verlassen kann. Alle zwei bis drei Stunden müssen wir uns auf ein »Geschäft« einstel-

Stuben- und Zwingerreinheit

len, können aber zwischendurch unserer Arbeit nachgehen und brauchen den Hund nicht ständig zu beobachten. Nur in der allergrößten Not wird er seinen Liegeplatz verunreinigen, so weit sollte es aber keinesfalls kommen. Wir können uns ein ganz bestimmtes Hörzeichen wie zum Beispiel »mach schön« angewöhnen, es wird den Hund anregen, das Gewünschte schnell zu erledigen.

Die ersten Nächte können etwas Schlaf kosten. Ein Familienmitglied (das nicht gerade schläft wie ein Murmeltier) muß in der Nähe des Welpen sein Nachtlager aufschlagen und ihn nach draußen tragen, sobald er sich bemerkbar macht. Man kann auch das Glück haben, daß der Hund von Anfang an nachts durchhält, wenn man ihn abends spät und morgens sehr früh hinausläßt.

Nach etwa einer Woche ist der Karton überflüssig und kann durch eine flache Kiste oder einen Korb ersetzt werden. Natürlich müssen wir immer noch aufpassen. Mit einiger Sicherheit wird sich unser Vierbeiner aber jetzt bereits bemerkbar machen, wenn er hinaus muß.

Passiert einmal in der Wohnung ein Unglück, hat es keinen Sinn, den Hund zu strafen. Das würde ihn nicht zur Einsicht bringen, sondern nur einschüchtern. Entweder wir ignorieren den Vorfall oder aber, ertappen wir ihn in flagranti, tragen wir den Welpen sofort an das bestimmte Örtchen.

Wächst unser Hund im Zwinger auf, müssen wir uns mit dem Neuankömmling so lange beschäftigen, bis er sein erstes Geschäft außerhalb des Zwingers erledigt. Am besten ist es, ihn zunächst immer einzusperren, wenn er sich gerade gelöst hat. So hat man die Gewähr, eine gewisse Zeit Ruhe zu haben.

Dann heißt es gleichermaßen aufpassen und den Hund nach dem Schlafen oder Fressen an das bestimmte Örtchen bringen. Wir müssen unter allen Umständen verhindern, daß er den Zwinger dazu benutzt, sich zu entleeren. Wenn er später einmal länger als gewohnt eingesperrt bleiben muß, kann und soll er in der dafür eingerichteten Ecke sein Geschäft erledigen. Er wird es dann aber nur im Notfall tun.

Abends wird der Welpe möglichst spät und morgens sehr früh aus dem Zwinger gelassen, damit er sich saubermachen kann.

Je mehr Mühe man sich in den ersten 14 Tagen macht, um so schneller und zuverlässiger wird sich unser Welpe an die ihm abverlangte Sauberkeit gewöhnen.

Kleine Hundepsychologie

Der Erfolg von Erziehung und Ausbildung hängt weitgehend davon ab, wie es dem Menschen gelingt, sich dem Partner Hund verständlich zu machen und wie er dessen Sprache zu interpretieren versteht.

Der Lernvorgang beim Hund ist eine gedächtnismäßige Verknüpfung. Er kann nicht logisch denken und demzufolge Vorgänge gedanklich nicht aneinanderreihen.

Ohne unsere Einwirkung würde ein Hund ausschließlich von seinem Instinkt geleitet, dieses zu tun und jenes zu unterlassen. Wir können nicht von einer allgemeinen Lernfähigkeit ausgehen. Der Hund erfaßt angenehme und unangenehme Erlebnisse rein instinktmäßig. Er versteht nicht jedes Wort, wie fälschlicherweise oft behauptet wird, sondern es prägen sich ihm oft wiederkehrende Redewendungen in Verbindung mit bestimmten Handlungsabläufen ein.

Niemals kann der Hund den Sinn eines gesprochenen Wortes verstehen. Ihm fehlt auch die Einsicht, wenn er nach unserer Auffassung etwas falsch gemacht hat, er kann also auch kein schlechtes Gewissen haben, was vielfach Hundebesitzer von ihren Vierbeinern behaupten.

Wer sich bemüht, Einblick in das Seelenleben seines Hundes zu nehmen, dem wird es gelingen, eine vertrauensvolle Beziehung aufzubauen und ihn artgerecht zu erziehen.

Der kranke Hund

Das Haarkleid des Hundes gilt in erster Linie als Spiegel seines körperlichen Wohlbefindens. Guter Appetit und vor allem regelmäßiger, in seiner Konsistenz breiig-fester Kotabsatz sind ein sicheres Zeichen dafür, daß der Hund organisch gesund ist. In gewissen Zeitabständen sollte man beim Tierarzt eine Kotuntersuchung durchführen lassen, um den Darmparasitenbefall zu kontrollieren und gegebenenfalls zu bekämpfen.

Hier sollen die Symptome einiger häufig auftretender Krankheiten beschrieben werden. Vielleicht ist es in manchen Fällen möglich, eine Diagnose zu stellen und, wenn nötig, sofort einen Tierarzt aufzusuchen.

Deutscher Schäferhund

Aujeszkysche Krankheit

Hierbei handelt es sich um eine Virusinfektion, die nach Verfüttern von rohem Schweinefleisch auftreten kann. Sie greift insbesondere das Zentralnervensystem an und ist oft mit starkem Juckreiz verbunden. Weitere Symptome sind ein gestörtes Allgemeinbefinden, Lähmungszustände, Apathie und Erbrechen. Hier kann kein Tierarzt helfen, die Krankheit verläuft in den meisten Fällen tödlich.

Bauchspeicheldrüsenschwäche

Die Bauchspeicheldrüse produziert zu wenig Fermente. Die Folge ist eine ungenügende Ausnutzung und Verdauung des Futters. Trotz guter Futteraufnahme magert der Hund ab und scheidet einen übelriechenden, breiiggrauen Kot in großen Mengen aus.
Diese Krankheit wird meist im Frühstadium nicht erkannt, da der Hund mobil ist. Der Tierarzt kann durch Kot- und Blutuntersuchungen eine Diagnose stellen, die Heilung ist jedoch in Frage gestellt.
Bei Entzündung der Bauchspeicheldrüse besteht kaum Aussicht auf Heilung. Sie tritt in der Regel plötzlich auf und äußert sich in Appetitlosigkeit, Erbrechen, Durchfall, gespanntem Bauch und schlechtem Allgemeinzustand. Die Ursache dieser Krankheit ist noch nicht erforscht, Vererbung kann eine Rolle spielen.

Magendrehung

Aus bisher unbekannter Ursache verdreht sich der gesamte Magen um 90 bis 360 Grad. Äußere Anzeichen sind starke Zunahme des Leibumfanges und schnelle Verschlechterung des Allgemeinzustandes. Da keine Durchblutung mehr gewährleistet ist, tritt der Tod relativ schnell ein. Auch bei sofortiger Operation sind die Überlebenschancen sehr gering.

Ohrenerkrankung

Durch Infektionserreger kann es zu einer schmerzhaften Ohrenentzündung kommen. Kratzt sich der Hund unter ständigem Stöhnen und Jaulen am Ohr, so ist unverzüglich der Tierarzt aufzusuchen. Verschleppte Entzündungen des Gehörganges können nur noch durch Operation geheilt werden.

Prostatavergrößerung

Sie tritt vielfach bei Rüden im fortgeschrittenen Alter auf und äußert sich dadurch, daß der Hund schwer und dabei mit den Hinterläufen trampelnd Kot absetzt und der Harnabsatz nicht im kräftigen Strahl, sondern schubweise vonstatten geht. In extremen Fällen ist das Gangwerk der Hinterläufe beeinträchtigt, der Hund verweigert den Hürdensprung und will sich nicht setzen. Der Tierarzt kann die Prostatavergrößerung mit Erfolg behandeln.

Zwingerhusten

Er gehört zu den in jüngster Zeit häufig auftretenden Infektionskrankheiten. Die Symptome sind ständig hustende Geräusche des Hundes. Es kommt dabei zur raschen Vermehrung von auf das Bronchialsystem einwirkenden Bakterien, was zu Fieber und Husten führt und die Widerstandskraft der befallenen Tiere in starkem Maße schwächt.
Tierärztliche Hilfe ist unbedingt erforderlich.

Was der Welpe lernen muß

Gewöhnen an Halsband und Leine

Wir gewöhnen unseren Welpen möglichst früh an Halsband und Leine, damit wir bald kleine Spaziergänge unternehmen können. Das anfängliche Sträuben gegen die Leine hält meist nicht lange an, wenn wir ihm mit etwas Geduld begegnen.
Angeleint kann sich der Hund nicht selbst in Gefahr begeben, indem er zum Beispiel zu fremden Hunden oder auf die Straße in ein Auto läuft. Wir sollten jedoch danach trachten, den Welpen mit seiner Umwelt vertraut zu machen. Passanten, die stehenbleiben und Spaß an dem kleinen Kerl haben, dürfen ihn ruhig streicheln, auch darf er einen gutmütigen Hund beschnuppern, den sein Herr an der Leine hält. Wir achten darauf, daß kein großer Hund auf unseren Welpen losstürmt. Das könnte ihn in Panik versetzen und mißtrauisch gegenüber Artgenossen machen.
Der Welpe ist für Gewaltmärsche noch nicht geeignet. Hier gilt es, die Anforderungen langsam zu steigern. Hat er gerade gefressen, müssen Spaziergänge auf alle Fälle unterbleiben.
Anfangs genügt ein kleines Lederhalsband, das im Alter von 4 Monaten durch ein Gliederhalsband ersetzt wird. Das Lederhalsband verbleibt am Hund, um ihm nicht jedesmal die Prozedur des Anlegens zuzumuten. Wir müssen ab und zu prüfen, ob es noch locker genug sitzt und gegebenenfalls die Einstellung um ein Loch verändern.
Später wird dem Hund das Halsband nachts auf jeden Fall abgenommen, denn bei dauerndem Tragen könnten Schäden am Haarkleid entstehen.

Umgang mit Artgenossen

Für unseren Welpen ist der Kontakt zu anderen Hunden eine äußerst wichtige Sozialisierungsgrundlage. Wenn es sich einrichten läßt, soll er mit einem etwa gleichaltrigen Vierbeiner toben und spielen. Das Selbstbewußtsein des Welpen wird gestärkt, er erfährt aber auch, daß es Grenzen gibt und daß bei allzu großem Übermut auf der anderen Seite gekontert wird. Diese Auseinandersetzungen prägen den Charakter des Hundes entscheidend, was das spätere Verhalten gegenüber Artgenossen betrifft. Wir wollen einen auch in dieser Beziehung unbefangenen aggressionsfreien Begleiter erziehen, der sich im Notfall aber doch seiner Haut zu wehren weiß. Stürmische oder gar rauflustige Hunde halten wir von ihm fern. Unangenehme Erlebnisse prägen gleichermaßen sein späteres Verhalten gegenüber anderen Hunden.

Lassen wir unseren Welpen mit einem ausgewachsenen Hund spielen, achten wir darauf, daß der kleine Kerl nicht zu sehr gejagt oder gar überrollt wird. In dem Fall müssen wir das Spiel sofort abbrechen.

Man kann beobachten, daß überlegene Hunde rührend mit Welpen spielen, indem sie ab und zu Unterlegenheit vortäuschen. Wenn unser Hund einen solchen Spielkameraden hat, brauchen wir uns um seine diesbezügliche Entwicklung keine Sorgen zu machen.

Und noch etwas: Hunde sollten beim Spielen kein Metallhalsband tragen, sie müssen sich ungehindert überall fassen können, wofür sich gerade die Halspartie besonders anbietet.

Autofahren

Hund und Auto ist ein wichtiges Kapitel. Es wird oft nicht genügend Sorgfalt darauf verwandt, den Welpen systematisch an das Autofahren zu gewöhnen und ihn von der Harmlosigkeit dieser Unternehmung zu überzeugen. Es ist äußerst unerfreulich, mit einem Hund reisen zu müssen, der während der Fahrt verstört in der Ecke sitzt und sich häufig erbricht. Wir beginnen deshalb mit der Gewöhnung bereits im frühen Welpenalter.

Am besten unternimmt man die ersten Übungsfahrten zu zweit und setzt den kleinen Kerl auf den Boden zu Füßen des Beifahrers. Er darf mindestens drei Stunden vorher nichts mehr gefressen haben, daran sollten wir uns immer halten. Die Fahrt wird für den Hund lustbetont, wenn wir ihm sofort nach Verlassen des Fahrzeuges ein angenehmes Erlebnis vermitteln. Wir fahren etwa einen Kilometer, lassen den Welpen aussteigen und spielen kurz mit ihm, nehmen ihn zwanglos auf den Arm, setzen ihn wieder ins Auto, und ab geht's nach Hause. Dort angekommen, stellen wir den Motor ab und kraulen unseren Hund noch einen Moment, verabreichen ihm vielleicht auch einen Leckerbissen.

Wenn wir einige Tage so verfahren, läßt sich bereits erkennen, ob dem Welpen das Fahren noch unangenehm ist oder ob er schon gern mitfährt. Gegebenenfalls muß noch ein paar Tage in dieser Form weitergeübt werden.

In den meisten Fällen werden Hundebesitzer einen Kombi zum Transport ihres Vierbeiners benutzen. Zeigt der Hund keine Abneigung mehr, können wir ihm seinen Platz im hinteren Teil des Wagens zuweisen. Auch jetzt fahren wir einige Tage nur kurze Strekken, und zwar sehr verhalten, damit der Welpe nicht hin- und hergeschleudert wird und dadurch Angst bekommt. Wenn wir vor dem Aussteigen die Klappe geöffnet haben, setzen wir uns zu dem Hund und schließen ein kleines Spielchen an. Wenn er weiß, daß es ein Leckerchen gibt oder wir kurz mit ihm spielen, wird er nicht sofort hinausstreben. Keinesfalls sollten wir den Welpen aus dem Fahrzeug springen lassen.

Nach etwa vierwöchigem Training wird unser Hund fit sein, und auch eine längere Fahrt wird ihm nichts mehr ausmachen.

Soll der Hund im Kofferraum mitfahren, gibt es für jeden Fahrzeugtyp passend ein sogenanntes Doghec. Diese geniale Erfindung verschafft ihm Licht, Luft und Bewegungsfreiheit. Auch an diese Art des Transports gewöhnen wir den Hund, indem wir zunächst nur kurze Strecken zurücklegen.

Das Doghec für den Hundetransport im Kofferraum

Die Schutzhundausbildung

Allgemeines

Viele Besitzer von Gebrauchshunden betreiben Hundesport. In der Bundesrepublik gibt es in Orten ab einer gewissen Größenordnung Gebrauchshund- und Rassezuchtvereine. Dort finden sich Hundesportler zusammen und bilden ihre Hunde aus, um sie später auf Schutzhundprüfungen vorzuführen.

Die Schutzhundausbildung ist eine rein sportliche Angelegenheit. Der Begriff »Schutzhund« weckt im Laien oft ganz falsche Vorstellungen. Die vielfach verbreitete Volksmeinung, nur der geprüfte beziehungsweise ausgebildete Hund sei der optimale Schutz für Haus und Familie, ist unrichtig. Es kann durchaus der Fall sein, daß sich ein Hund, der hervorragende sportliche Leistungen vollbringt, im Alltag als nicht unbedingt zuverlässiger Beschützer erweist. Wünschenswert ist beides, jedoch sind Sport und Zivilschutz völlig verschiedene Materien. Natürlich werden bei der Schutzdienstarbeit Verteidigungs- und Schutztrieb freigesetzt und gefördert, im Ernstfall jedoch kann es passieren, daß ein ausgebildeter Hund die gewünschte Reaktion vermissen läßt, da das ihm bekannte Reizmittel, der Schutzarm, fehlt.

Ein entsprechend veranlagter Hund sollte nach Möglichkeit ausgebildet werden. Die sportliche Betätigung macht ihn umgänglich und schweißt Führer und Hund zusammen. Die Arbeit mit dem Tier in freier Natur ist ein schöner Ausgleich zum streßerfüllten Alltag. Außerdem sind Gehorsamsübungen, ganz gleich welcher Art, für jeden Hund unerläßlich.

Erfolgreiche Arbeit mit dem Hund erfordert Konsequenz und Einfühlungsvermögen. Wir müssen lernen, Geduld aufzubringen, wenn es einmal nicht gelingt, sich dem vierbeinigen Partner verständlich zu machen. Vertrauen des Hundes zu seinem Führer ist die unerläßliche Voraussetzung für eine zuverlässige Zusammenarbeit. Wir verlangen von unserem Hund unbedingten Gehorsam. Was er gelernt hat, soll er auf unser Hörzeichen unverzüglich ausführen. Unser Ziel ist es, einen freudig arbeitenden Hund vorzuführen.

Auf Gehorsamsverweigerung folgt unmittelbar Zwang, das läßt sich bei der Hundeausbildung nicht vermeiden. Der Hund muß wissen, was er soll, das ist Voraussetzung, erst dann können wir ihm mit Nachdruck begreiflich machen, daß er das von uns Gewünschte zu tun hat.

Fährtenarbeit

Das Leistungsvermögen der Hundenase

Der Hund ist ein sogenanntes Nasentier. Er erfaßt und erlebt seine Umwelt in erster Linie mit seinem Riechorgan. In diesem Bereich ist er uns mit seinen Fähigkeiten weit überlegen. Es gilt, uns diese ausgeprägte Veranlagung zunutze zu machen.

Der Fährtengeruch setzt sich zusammen aus dem Individualgeruch des Menschen und den Gerüchen, die sowohl durch die Bodenverletzung als auch durch die Beschädigung der Pflanzen entstehen. Diesem sogenannten Mischgeruch, der der Fährte anhaftet, soll unser Hund folgen. Witterungsverhältnisse und Bodenbeschaffenheit sowie Luftströmungen beeinflussen das Geruchsmoment entscheidend.

Grundprinzip der Ausbildung ist es, dem Hund in irgendeiner Weise die Fährte interessant zu machen. Bei unserer Methode geschieht das durch Auslegen von Futterbrocken. Es soll jedoch nicht unerwähnt bleiben, daß sich noch andere praktikable Lösungen anbieten, die zum Erfolg führen.

Der Welpe lernt fährten

Sobald sich der Welpe an seine neue Umgebung gewöhnt hat und auf seinen Namen hört, können wir mit der Fährtenarbeit beginnen. Eine sorgfältige Vorbereitung ist erforderlich. Der Hund sollte sich vorher entleert und mindestens 4 Stunden vor der Sucharbeit nichts mehr gefressen haben. Er muß also hungrig sein, damit die ausgelegten Fleischbröckchen für ihn Anreiz sind, die Nase zu gebrauchen.

Wir nehmen den Hund, der ein Leder- oder Gliederhalsband trägt, an eine etwa 2 Meter lange, nicht zu schwere Führleine und gehen ins Gelände. Dort wird er an einem Baum oder Zaunpfahl festgebunden, und zwar in unmittelbarer Nähe des ausgesuchten Geländes, damit wir ihn motivieren können und er das Legen der Fährte beobachten kann.

Ein geeggter Acker oder eine etwa 10 Zentimeter hohe Wiese mit einem gewissen Feuchtigkeitsgrad sind für den Anfang ideal. Die ersten Fährten sollten deutliche Sichtfährten auf einheitlichem Gelände sein. Der Hund nimmt anfangs die Augen zu Hilfe, das kann und soll er auch; es erleichtert die Arbeit, und er begreift schneller, was von ihm verlangt wird. Langsam wird er seinen ausgeprägten Geruchssinn mehr und mehr einsetzen. Feuchter Boden und kühles Wetter sind optimale Voraussetzungen für eine erfolgreiche Fährtenarbeit. Bei trockenem Wetter gehen wir entweder morgens oder abends zum Fährten. Die Fährte wird zunächst immer mit oder gegen den Wind gelegt. Seitenwind würde den kleinen Kerl dazu verleiten, seitlich auszubrechen. Dies sollten wir

Fährtenarbeit

Der Welpe lernt fährten. 1. Wir zeigen dem Welpen die Fleischtüte.

2. Der Fährtenleger legt das Fleischbröckchen hinter sich in den jeweiligen Abtritt.

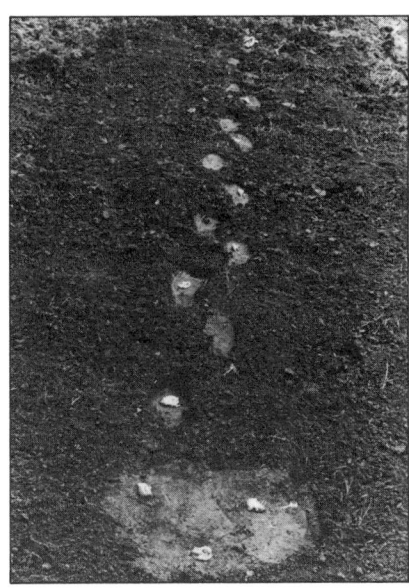

3. Dies ist die Anfangsfährte für den Welpen.

4. Der Welpe muß jeden Fußabtritt intensiv absuchen und geruchlich erfassen.

von Anfang an verhindern. Der Geruch würde sich seitlich verflüchtigen, und die Intensität, auf die wir bei den ersten Versuchen unbedingt achten müssen, wäre nicht mehr gegeben.
Wir legen am besten kleine Fleischbröckchen aus, die der Hund im Gehen schnell aufnehmen kann, damit der Fährtenfluß nicht unterbrochen wird. Die Fleischbröckchen sollten die Größe einer Daumenkuppe haben. Der Welpe darf nicht zu lange kauen, denn während er kaut, kann er sein Riechorgan nicht einsetzen. Da wir jetzt wissen, worauf es ankommt, können wir mit der eigentlichen Arbeit beginnen.

Wir zeigen dem angebundenen Hund unsere Fleischtüte, geben ihm eventuell sogar ein Stück daraus, gehen zu dem von uns gewählten Ausgangspunkt, stecken einen Stock in die Erde und treten rechts davon eine Fläche von etwa 60 Quadratzentimetern fest ab, auf die wir dann 3 Fleischbröckchen verteilen. Dann geht der Fährtenleger los, und nun muß folgendes ganz genau beachtet werden, wenn sich der Erfolg einstellen soll: man setzt in kurzen Abständen einen Fuß unter leichtem Hin- und Herdrehen vor den anderen (nicht zu weit seitlich). Es darf auf keinen Fall eine Schleifspur entstehen; die Fährte muß

Boxer

jedoch vom Hund optisch wahrgenommen werden können. Alle 3 bis 4 Schritte legen wir in die Mitte des Fußstapfens ein Fleischbröckchen, und zwar abwechselnd in einen rechten und einen linken Abtritt. Die Fährte für einen Welpen sollte anfangs 5 Meter nicht überschreiten. Am Ende der Fährte findet der Hund eine ganze Mahlzeit, die er nicht mit den Augen ausmachen darf; gegebenenfalls wird eine Kuhle gemacht und das Futter hineingestellt. Der Junghund erhält die ihm für diesen Tagesabschnitt zustehende Portion.

Die Fährte sollte etwa 10 Minuten alt sein, wenn wir den Hund ansetzen. Dazu nehmen wir mit beiden Händen die Leine, treten hinter den Hund, beugen uns leicht nach vorne und führen ihn mit dem Hörzeichen »Such« an den Abgang beziehungsweise an die dort ausgelegten Leckerchen heran. Er muß alle drei Brocken aufnehmen, erst dann darf er dem weiteren Fährtenverlauf folgen. Wir wollen damit erreichen, daß er den Ansatz intensiv absucht und nicht sofort losstürmt. Der Welpe erhält nun nochmals das Hörzeichen »Such«, wobei das nächste Fleischbröckchen auf dem nächstfolgenden Fußabtritt zu finden sein muß. Wir führen den Hund an kurzer Leine hinter ihm gehend von Tritt zu Tritt, benutzen nur die Vokabeln »Such« und, wenn er wie gewünscht vorwärtsgeht, »So ist brav«.

Keine Hektik, dem Hund muß die Möglichkeit gegeben werden, die einzelnen Fußstapfen in aller Ruhe ge-

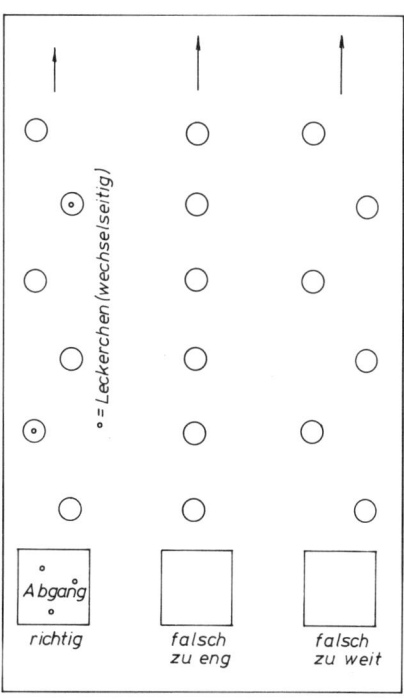

Es ist gar nicht so schwer eine richtige Fährte zu legen.

ruchlich zu erfassen und zu prüfen, ob dort etwas zu finden ist. Wenn er seine Futterration gefunden hat, klopfen wir ihn leicht und loben ihn ruhig und ohne Hast mit »So ist brav, Leckerchen«. Diese Worte prägen sich dem Welpen ein, und wir können sie als Motivation immer wieder gebrauchen.

Bei der Fährtenarbeit verwenden wir grundsätzlich nur drei Hörzeichen:

1. »Such« (beim Ansatz und wenn der Hund den Kopf hoch nimmt)

2. »So ist brav« (sobald der Hund die Nase gebraucht und sich vorwärtsbewegt)
3. »Pfui« (wenn er zwar sucht, aber nicht dem Fährtenverlauf folgt)

Und so wird gesprochen:
1. Hörzeichen »Such«: ruhig, aber bestimmt
2. Hörzeichen »So ist brav«: lobend
3. Hörzeichen »Pfui«: kurz und hart, doch Vorsicht, den Hund nicht durch zuviel Härte in der Stimme verprellen!

Ganz wichtig: vorwärts heißt die Devise! Auf keinen Fall darf man den Hund zu überlaufenen Futterbrocken zurückholen, auch sollte der Fährtenfluß nicht durch zu langes Anhalten an einem nicht sofort wahrgenommenen Futterbrocken unterbrochen werden. Auf keinen Fall dürfen wir den Hund zu stürmisch fährten lassen. er wird ja versuchen, so schnell wie möglich zu seinem Futter zu kommen. Wir müssen das Tempo so weit drosseln, daß der Hund gezwungen wird, so langsam zu gehen, daß er die Fußtritte intensiv absuchen kann.

Es ist möglich, daß folgende Probleme auftreten:
1. Der Hund weiß noch nicht, was er soll, springt am Hundeführer hoch und will spielen. Jetzt nehmen wir ihn ganz kurz an die Leine und zeigen mit dem Finger unter Hörzeichen »Such« auf die Fährte, um sie ihm auf diese Weise interessant zu machen. Fährtet er dann, loben wir ihn mit »So ist brav«.
2. Der Hund sucht zwar, verläßt aber die Fährte. Dann heißt es »Pfui« mit einem leichten Leinendruck in Richtung Spur. Sobald er sie wieder aufgenommen hat, loben wir ihn aufmunternd mit »So ist brav«.
3. Der Hund verläßt mit hoher Nase die Fährte. Dann heißt es wieder »Pfui, Such«. Wir ziehen ihn in Richtung Fährte und nehmen wieder den Zeigefinger zu Hilfe. Führt er das Gewünschte aus, dann heißt es wieder »So ist brav«.

Anfangs sollten wir 14 Tage lang täglich fährten. Dann ist es meist soweit, daß die 5 bis 6 Meter lange Spur sauber abgesucht wird. Danach verlängern wir die Strecke auf 10 Meter, legen die Futterbrocken immer noch wechselseitig in gleichen Abständen und fährten auf dieser Strecke etwa eine Woche lang täglich. Die gleiche, aber etwa 20 Meter lange Fährte wird dann nochmals 14 Tage lang täglich abgesucht. Nach dieser Zeit weiß der Hund, was er soll und um was es geht. Er muß jetzt sicher und ruhig die Strecke absuchen können. Wenn man im Alter von 12 bis 14 Wochen mit der Fährtenarbeit angefangen hat, müßte der Junghund zu diesem Zeitpunkt etwa 5 Monate alt sein.

Es muß unbedingt darauf geachtet werden, wie der Hund mit dem Zahnwechsel, der sich zu dieser Zeit vollzieht, fertig wird. Hat er Probleme, muß man die Fährtenarbeit vorübergehend einstellen. Es wäre möglich, daß das Interesse an der Suche nachläßt, da der Hund unter Appetitlosigkeit und in Ausnahmefällen sogar unter Fieber leidet.

Die Fährte wird in der nächsten Phase 30 Meter lang, der Futterbrockenabstand etwa 1,50 Meter; und die Übungszeit erstreckt sich etwa über eine Woche. Jetzt werden die Fußabtritte schon nicht mehr so intensiv drehend gesetzt wie am Anfang.

Wir sollten möglichst jeden Tag mit unserem Hund suchen. Als nächstes wird die Fährte 50 Meter lang und die Leckerchen werden im Abstand von 3 Metern ausgelegt. Beherrscht der Hund diesen Streckenabschnitt, wird die Gerade auf 100 Meter verlängert. Der Futterabstand beträgt dann etwa 5 Schritt.

Fährten mit dem Junghund und systematisches Erhöhen des Schwierigkeitsgrades

Obwohl der Hund ein Nasentier ist, versucht er bei der Fährtenarbeit die Augen zu Hilfe zu nehmen; zum Beispiel veranlassen ihn Saatreihen dazu, wenn die Fährte in der gleichen geraden Richtung verläuft. Damit die optische Wahrnehmung ausgeschaltet und somit der Schwierigkeitsgrad erhöht wird, gehen wir nicht mit den Saatreihen, sondern in leicht schräger Richtung. Das irritiert die meisten Hunde, sie werden anfangs leicht pendeln, lernen aber dadurch, das Auge auszuschalten und nur mit dem Riechorgan zu fährten.

Unser Hund ist jetzt 6 Monate alt.

Als nächsten Schwierigkeitsgrad bauen wir jetzt ein:
1. Fährtenverlauf schräg zur Saat oder
2. Fährtenverlauf bei Seitenwind

Überwindet der Hund diese Schwierigkeiten, wozu er eine gewisse Zeit brauchen wird, und sucht trotzdem intensiv, können wir dazu übergehen, einen Winkel einzubauen, und zwar treten wir ihn nach etwa 100 Metern sehr intensiv im leichten Bogen ab.

Bei der Winkelarbeit ist zu beachten: Die Leckerchen werden in mindestens 5 Meter Abstand vor dem Bogen ausgelegt. 5 Meter nach dem Bogen muß der Hund seine gesamte Futterration finden, das wird ihn zur freudigen Winkelarbeit veranlassen. Anfangs müssen wir dem Hund natürlich helfen, indem wir ihn mit dem zur Gewohnheit gewordenen Hörzeichen durch den Winkel führen. Wenn er gelernt hat, den Winkel zügig und ohne Hilfe zu nehmen, was nach etwa 15 solcher Fährten der Fall sein wird, gehen wir dazu über, eine komplette Schutzhund-I-Fährte (siehe S. 39), allerdings noch ohne Gegenstände, zu legen. Wir reduzieren die Futterbrocken auf ein Minimum, gegebenenfalls legen wir 5 Meter nach den Winkeln noch ein Bröckchen und auch noch eins auf die Ansatzfläche, falls der Hund dazu neigt, zu schnell abzuge-

gehen. Die Länge der Spur sollte etwa 400 Schritt betragen.
Wir haben zwei Möglichkeiten der Fährtenform, wie sie auch auf Prüfungen verlangt wird: einmal die U-Form, die fast immer anzutreffen ist, und zweitens der Blitz (siehe S. 39). Der erste Gegenstand liegt auf der Mitte des ersten oder zweiten Schenkels. Er sollte auf jeden Fall mindestens 1 1/2 Leinenlängen (die Suchleine ist 10 Meter lang) vom Winkel entfernt liegen. Der zweite Gegenstand wird am Ende abgelegt. Die Prüfungsordnung (PO) schreibt als Alter der Fährte mindestens 20 Minuten vor. Bei den Übungsfährten sollte zwischen 10 und 30 Minuten variiert werden. Es ist unbedingt erforderlich, daß der Hundeführer sich den Fährtenverlauf ganz genau einprägt.

Wir legen jetzt nicht mehr ausschließlich Sichtfährten, sondern schalten mitunter bewußt die Möglichkeit der optischen Wahrnehmung aus, um ganz sicherzugehen, daß der Hund mit seinem Riechorgan fährtet.

Auf jedem Gelände gibt es Anhaltspunkte, die sich der Fährtenleger zwecks späterer Orientierung zunutze machen sollte, zum Beispiel Maulwurfshügel, Grasbüschel, unterschiedliche Färbung des Bodens, Steine oder ähnliches. Wichtigster Grundsatz ist: Der Hundeführer muß unter allen Umständen den Fährtenverlauf genau kennen beziehungsweise genau wissen, wo er die Winkel abgetreten und die Gegenstände abgelegt hat. Dies sichert ihm die unbedingte Kontrolle und die Möglichkeit, dem Hund zu helfen, falls dieser unsicher wird oder gar die Spur verläßt. Die markanten Punkte sollten nie unmittelbar am Winkel oder am Endpunkt sein, das heißt etwa 1 Meter davor, dahinter oder seitlich, denn ganz klevere Vierbeiner merken sich selber solche Punkte und orientieren sich daran.

Sollte ein Gelände keinerlei Anhaltspunkte bieten, dann können Winkel und Endpunkte durch dünne Stöcke oder Schweißdraht markiert werden. Die Markierung sollte man soweit wie möglich (mindestens eine Armlänge) vom Fährtenverlauf entfernt setzen.

Fährtenarbeit an der vorgeschriebenen 10 Meter langen Leine

Der Schwierigkeitsgrad der Fährten sollte unterschiedlich sein, das heißt, nach einer Arbeit auf schwierigem Gelände sollte unbedingt auch wieder eine Sichtfährte folgen. Es könnte leicht zu einer Überforderung kommen, wenn wir den Schwierigkeitsgrad kontinuierlich erhöhen. Dem Hund muß Gelegenheit gegeben werden, sich bei leichteren Fährten zu erholen und sich neu aufzubauen. Bei Hunden, die über einen längeren Zeitraum permanent belastet werden, kann es zu einem totalen Zusammenbruch kommen, das heißt, sie wollen absolut nicht mehr suchen; sie sind überfordert.

Witterungs- und Bodenverhältnisse

Hin und wieder üben wir das Fährten auf Wechselgelände. Den Übergang von Wiese auf Acker und umgekehrt schaffen die Hunde anfangs nur mit Hilfe des Hundeführers. Unter Umständen stehen sie wie vor einer unsichtbaren Wand.

Frisch gepflügten beziehungsweise bearbeiteten Acker sollten wir meiden. Bei dem aufgewühlten Boden kommen die Verletzungen, die der Fährtenleger verursacht, geruchlich nicht zur Geltung. Ebenfalls fährten wir nicht auf Feldern mit frischem Dung und Kunstdünger, der besonders gefährliche Auswirkungen auf das empfindliche Riechorgan haben kann. Stoppelacker ist ebenfalls kein ideales Fährtengelände. Verletzungen der Nase können nicht ausgeschlossen werden und der Hund könnte sich angewöhnen, mit sogenannter »hoher Nase« zu suchen, das heißt, die Nasenhaltung liegt über der Widerristhöhe, was fehlerhaft ist und bei Prüfungen mit Punktabzug bestraft wird. (Widerrist ist der höchste Punkt der Rückenlinie zwischen den Schulterblättern).

Mittagshitze und ausgetrockneter Boden stellen höchste Anforderungen an den Hund. Hier ist es besonders wichtig, daß man den Fährtenverlauf gut kennt, da man mit Sicherheit Hilfen geben muß. Starke Regenfälle sollten einen ehrgeizigen Hundeführer nicht vom Fährten abhalten, denn auch an aufgeweichten Boden und an Pfützen im Gelände müssen wir unseren Hund gewöhnen.

Das geringe Geruchsmoment bei Schnee und Frost muß berücksichtigt werden. Eine Zwangspause kann durchaus einmal von Vorteil sein. Wenn der Winter kein Ende nehmen will, können wir eventuell mal auf einer Wiese fährten.

Wir nehmen jede Möglichkeit wahr, dem Hund bei der Fährtenarbeit unterschiedliches Gelände anzubieten. Wiese eignet sich in jeder Form, auch eine Parkwiese, die jedoch nur morgens benutzt werden kann, solange sie noch nicht von Spaziergängern betreten worden ist. Am häufigsten bietet sich Saat als Fährtengelände an. Wir finden bei einem gewissen Feuchtigkeitsgehalt des Bodens einen mittleren Schwierigkeitsgrad vor.

Gegenstände

Der Hund ist jetzt etwa 8 Monate alt. Wir gehen davon aus, daß er die Platzübung (siehe Kapitel Unterordnung) beherrscht, damit kein unnötiger Druck ausgeübt werden muß. Er soll jetzt lernen, die ausgelegten Gegenstände (Geldbörse, Handschuh, Sokken, Lederröllchen) zu verweisen, das heißt sie durch selbständiges Platzmachen zwischen den Vorderpfoten liegend anzuzeigen. Die Gegenstände sollten so beschaffen sein, daß sie sich farblich nicht vom Gelände abheben beziehungsweise optisch nicht zu früh wahrgenommen werden können.

Wir bauen eine Vorübung für das Verweisen auf der Fährte ein. Am besten eignet sich ein alter Lederhandschuh, den wir auf Spaziergängen ständig bei uns tragen sollten. Läuft der Hund frei, lassen wir den Handschuh so fallen, daß er diesen Vorgang nicht beobachten kann, rufen ihn dann, zeigen auf den Gegenstand und sagen leise, aber bestimmt »Platz«. Führt er das Kommando aus, wird er in dieser Stellung getreichelt und gelobt. Es muß von Anfang an darauf geachtet werden, daß der Handschuh zwischen beziehungsweise vor den Vorderpfoten liegt. Wir müssen ihn gegebenenfalls dort hinlegen, denn die Lage des platzmachenden Hundes dürfen wir nicht korrigieren.

Diese Übung machen wir so oft es geht. Bald wird sich der Hund, wenn wir ihn rufen, ohne Hörzeichen am

Richtiges Verweisen

Gegenstand hinlegen. Das ist unser Endziel. Wenn wir ihn in liegender Stellung mit einem kleinen Futterhappen belohnen, wird er das Gewünschte um so zielstrebiger ausführen. Der Hund muß unbedingt so lange liegenbleiben, bis wir in aller Ruhe den Handschuh in die Tasche gesteckt haben. Er darf sich auf keinen Fall erheben, bevor er nicht das Hörzeichen »Sitz« erhalten hat. Dann heißt es »Lauf«, und er kann wieder zwanglos umherstrolchen.

Wenn das Verweisen klappt, können wir dazu übergehen, zwei Gegenstände vorschriftsmäßig auf der Fährte ab-

Beim Üben wird der Hund nach dem Aufzeigen des Gegenstandes beruhigend gelobt, um ein sofortiges Losstürmen zu verhindern.

zulegen. Futterbröckchen werden höchstens ab und zu noch nach den Winkeln gelegt. Bisweilen sollte unser Hund im Liegen einen Belohnungshappen erhalten, wenn er sauber verwiesen hat.

Neigt der Hund zum Überlaufen, müssen wir rechtzeitig mit Leinendruck und dem Hörzeichen »Platz« einwirken. Wir geben ihm jedoch immer die Gelegenheit zum selbständigen Verweisen, da er sich sonst angewöhnen könnte, grundsätzlich erst nach dieser Hilfe Platz zu machen. Hier heißt es aufpassen und sich konzentrieren. Wir warnen davor, den Hund zum überlaufenen Gegenstand zurückzureißen, denn das könnte negative Auswirkungen haben.

Den Gegenständen sollte bis zur bestandenen Schutzhund-I-Prüfung gute Witterung anhaften. Sie sollten möglichst in Jacken- oder Hosentaschen aufbewahrt werden. Der Hund hat so eine Beziehung dazu und nimmt sie aus diesem Grund besser wahr.

Die Hunde neigen dazu, nach dem Verweisen eines Gegenstandes ohne Kommando lozustürmen, wenn sich der Hundeführer nach der Leine bückt. Das darf auf keinen Fall zur festen Gewohnheit werden. Wir nehmen den Gegenstand auf und heben den Arm zum Zeichen, daß er gefunden wurde, stecken ihn dann in die Tasche. Wir bücken uns zur Leine, und es heißt energisch »Platz«, wenn sich der Hund vorzeitig erheben will. Wir müssen ihn lehren, erst mit dem Hörzeichen »Such« die Fährtenarbeit wieder aufzunehmen.

Allgemeine Tips und Korrektur von Fehlverhalten

Bei der Ausarbeitung der Fährten ist unbedingt auf ein konstantes Tempo zu achten. Wir dürfen den Hund keinesfalls zu schnell werden lassen, gegebenenfalls muß die Geschwindigkeit so weit gedrosselt werden, daß er die Winkel sicher nehmen kann, ohne das Tempo wesentlich zu verändern. Überläuft der Hund häufig Gegenstände und überschießt er Winkel, so ist das als Signal für eine überhastete Suche anzusehen.

Wir müssen unserem Hund Gelegenheit zum selbständigen Arbeiten geben, keinesfalls darf der Winkel durch Festhalten beziehungsweise Ziehen an der Leine signalisiert werden. Auf Übungsfährten arbeiten wir mit 4 bis 5 Metern der Suchleine und lassen das Ende hinterherschleifen. So haben wir den Hund besser unter Kontrolle. Er kann nicht zu weit von der Fährte abweichen und wir können, wenn nötig, an der kurzen Leine besser korrigieren beziehungsweise Hilfen geben.

Auf der letzten Geraden können wir die Leine auf volle Länge auslaufen lassen. Hund und Führer gewöhnen sich so an die auf der Prüfung geforderte Entfernung voneinander. Ein Kreisen des Hundes an den Winkeln muß unbedingt vermieden werden. Kommt er von der Fährte ab, heißt es »Pfui«, der Leinenabstand muß gegebenenfalls verkürzt und der Hund wieder auf die Spur geleitet werden. Vorwärts heißt die Devise, der Hund muß in Bewegung bleiben, aber immer in Richtung Endpunkt.

Mit dem Hund, der nun fähig ist, eine komplette Schutzhund-I-Fährte zu bewältigen, sollten wir wöchentlich mindestens zweimal zum Suchen gehen. Es ist ratsam, diese Unternehmung nicht immer allein zu starten. Unser Hund muß an Ablenkung gewöhnt werden. Es kann sein, daß der Leistungsrichter auf der Prüfung unmittelbar hinter dem Hundeführer hergeht. Auch daran sollte beim Üben gedacht werden, damit sich diese Situation nicht einmal als Unsicherheitsfaktor erweist.

Bei jedem Ansatz lassen wir jetzt die Leine voll auslaufen; nicht losgehen, bevor wir nicht das Leinenende in der Hand haben, das hätte bei der Prüfung Punktabzug zur Folge. Ebenso verfahren wir, wenn wir den Hund nach dem ersten Gegenstand wieder ansetzen. Wir sollten es uns jedoch angewöhnen, zwecks besserer Korrekturmöglichkeit den Leinenabstand nach dem Ansatz auf halbe Länge zu verkürzen.

Rottweiler

Schutzhund-II- und Schutzhund-III-Fährten

Die Schutzhund-II-Prüfung (SchH II-Prüfung) sollte als Zwischenstufe angesehen werden. In dieser Ausbildungsphase darf der Hund keinesfalls überfordert werden. Wir sorgen vielmehr dafür, daß er das bisher Erlernte sauber ausführt und so eine solide Grundlage für die Schutzhund-III-Prüfung geschaffen wird.

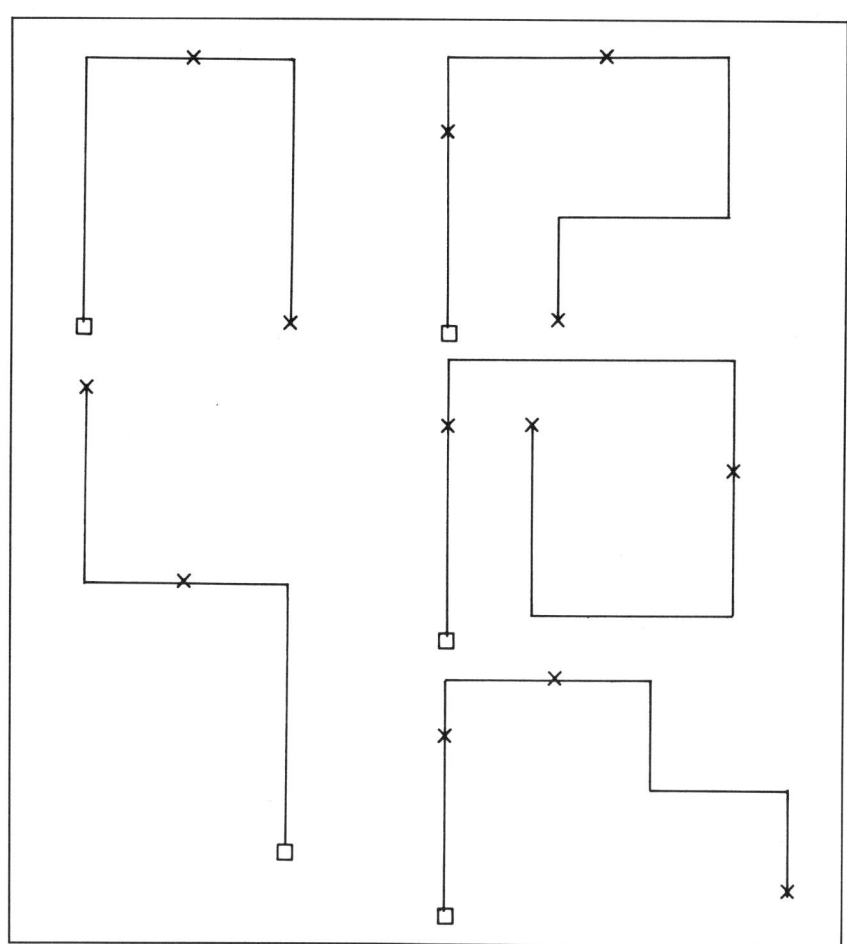

Oft verwendete Fährtenverläufe. Links: für SchH I und II Prüfung; rechts: für SchH III Prüfung

Bei den Prüfungsstufen II und III haben wir es mit der Fremdfährte zu tun. Das bedeutet keineswegs, daß wir unsere Übungsfährten nicht mehr selber legen. Ab und zu sollten wir aber das Fährtenlegen von einem erfahrenen Sportfreund besorgen lassen. Ein ganz neues Fährtengefühl wird aufkommen. Man kennt den Verlauf nicht und muß sich mehr denn je auf seinen Vierbeiner verlassen. Wichtig, ist, daß der Fährtenleger beim Absuchen mitgeht. Es wird vorausgesetzt, daß er den Fährtenverlauf sowie die Lage der Gegenstände genau kennt. Nur so kann rechtzeitig eingegriffen werden, wenn der Hund Schwierigkeiten hat beziehungsweise von der Fährte abkommt.

Die Schutzhund-II-Fährte hat ebenfalls eine U- oder Blitzform und ist bis zu 500 Schritt lang. Bei der Schutzhund-III-Fährte werden drei Gegenstände ausgelegt; sie hat bei einer Länge von etwa 800 Schritt vier Winkel.

Gehorsamsverweigerung, was tun?

Jeder Hundeführer muß darauf gefaßt sein, daß der Hund einmal den Gehorsam verweigert. Wir halten es für wichtig, zu wissen, was in diesem Fall zu tun ist.

Hier ein Beispiel, wie es dazu kommen kann und welche Maßnahmen zu ergreifen sind, damit die Fährtenarbeit wieder reibungslos vonstatten geht.

Der Hund ist etwa ein Jahr alt und sucht eine normale Fährte gut ab. Eines Tages (das hat er noch nie gemacht!) überläuft er den ersten Gegenstand. Der Hundeführer bemerkt es zu spät und läßt ihn weiterfährten. Das ist absolut richtig. Bei der nächsten Fährte paßt er auf. Der Hund will wieder überlaufen, er gibt rechtzeitig das Hörzeichen »Platz«. Der Hund scheint es sich in den Kopf gesetzt zu haben, den ersten Gegenstand zu ignorieren. Er muß wiederholt mit scharfem Kommando und Leinenruck zum Verweisen gezwungen werden. Das gefällt unserem Freund gar nicht. Die Folge ist, er fährtet nicht mehr drangvoll, ja fast lustlos, und geht schließlich überhaupt nicht mehr los. Er macht einfach neben seinem Führer Platz, offenbar in der Hoffnung, damit sei der Fall »Fährtenarbeit« für ihn erledigt. Damit ist Herrchen nun aber nicht einverstanden. Er versucht es im Guten mit »Komm braver Hund, such schön«, aber es ist nichts zu machen. Jetzt ist der Tatbestand der Gehorsamsverweigerung eingetreten, was nun?

Der ratlose Hundeführer nimmt seinen Hund und bindet ihn fest, um seine Gegenstände wieder einzusammeln. Dann legt er eine neue Spur, bereits nach 10 Metern den ersten Gegenstand, nach weiteren 10 Metern auf der gleichen Geraden den zweiten. Nach einigen Minuten Pause nimmt er seinen Hund, ohne ihn zu loben oder bei ihm »schön Wetter« zu machen mit zum Abgang, gibt ihm das Hörzeichen

»Such«, gegebenenfalls mit dem Finger auf den Ausgangspunkt zeigend, aber der Hund macht Platz und keine Anstalten, die Fährte aufzunehmen. Jetzt wird das Gliederhalsband stramm eingehakt, damit es sich nicht über den Kopf zieht. Der Hundeführer geht in gebückter Haltung vor seinem Hund her und zieht ihn mit kurzen, kräftigen Leinenrucken nach vorne. Immer wieder gibt er dabei Kommando und zeigt ab und an auf die Spur. Der Hund bewegt sich robbend vorwärts, es bleibt ihm nichts anderes übrig. Am Gegenstand angekommen wird er gestreichelt, »Schön Platz«. Dann geht es weiter. Er will noch nicht freiwillig fährten. Nun gut, dann nicht. Also wiederholen wir das gleiche Spiel. Am zweiten Gegenstand angekommen wird wieder gelobt, anschließend wird der Hund freigelassen.

Am nächsten Tag wird wieder die Fährte in der gleichen Art gelegt. Wieder wird der Hund zu den Gegenständen gezwungen, da er noch immer keine Bereitschaft zeigt, selbständig zu fährten. Nach Lob am zweiten Gegenstand nimmt der Hundeführer seinen Hund mit sich, um ihn auf dem Suchgelände abzulegen. Er zeigt ihm ein Bällchen, das er langsam aus der Tasche zieht, und schon schlägt die Stimmung um. Der Hund möchte zu diesem Lieblingsspielzeug gelangen. Diese Situation nutzt nun der Hundeführer, gebietet nochmals »Platz«, tritt eine kurze Fährte und legt statt des üblichen Gegenstands den Ball ab, den der Hund jedoch nicht mit den Augen ausmachen darf. Es erfolgt sofort der Ansatz, und siehe da, der Hund löst sich, nimmt die Fährte auf und hat offenbar begriffen: Sich vom Führer lösen bringt ihn zu seinem Bällchen, und außerdem wird ihm kein Schmerz mehr zugefügt, er wird vielmehr noch gelobt. Beim Ball angekommen, nimmt er ihn in den Fang und macht gleichzeitig Platz. Das ist nicht tragisch, der Hundeführer lobt, nimmt den Ball aus dem Fang, wirft ihn fort, und der Hund darf ihn bringen.

Am nächsten Tag legen wir eine etwa 30 Schritt lange Fährte mit dem Ball. Es klappt prima. Dann allerdings wird es wieder ernst. Die nächste Fährte wird in normaler Länge gelegt, der erste Gegenstand wie gehabt, der zweite ist das Bällchen. Der Hund nimmt Witterung, geht los, bleibt aber nach einigen Schritten stehen und sieht sich nach seinem Führer um, macht sogar Anstalten zurückzukommen. Jetzt erinnert ihn ein scharf und drohend gesprochenes »Such« daran, was ihm bei Befehlsverweigerung blühen kann, und er nimmt tatsächlich die Fährte wieder auf, begleitet von lobenden Worten des Hundeführers. Dieser hält vor dem ersten Gegenstand vorsichtshalber die Leine stramm, um helfen zu können. Der Hund legt sich aber von selbst und wird natürlich überschwenglich gelobt und gekrault. »Such«, und er fährtet gehorsam weiter, kommt am Schluß zu seinem Bällchen und belohnt sich damit selber.

Noch zwei bis drei Fährten, und der Ball wird durch einen der üblichen Gegenstände ersetzt. Der Hund sollte den Ball aber nach Beendigung jeder Fährte als belohnendes Spielzeug bekommen.
Der Hund hat somit gelernt, nicht nach Lust und Laune zu fährten, sondern immer, wenn wir es von ihm fordern. Er hat die Erfahrung gemacht, daß es unangenehme Folgen hat, wenn er mangelndes Interesse zeigt oder sich gar weigert, dem Befehl Folge zu leisten. Wir sind jetzt in der Ausbildung einen großen Schritt voran gekommen.

Eine Auflockerungsübung

Hier noch ein Tip, wenn der Hund nach dem Strafreiz zwar sucht, jedoch nicht mehr mit Freude. Wir setzen voraus, daß er es nicht mehr wagt, sich dem Befehl zu widersetzen. Der Vorwärtsdrang bei dem Hörzeichen »Such« muß sich in ihm fest verankert haben. Die Verabreichung von Zukkerbrot und Peitsche muß ganz klar getrennt vonstatten gehen.
Wofür tut unser Vierbeiner alles: für sein Bällchen, für ein Stöckchen oder für sein Futter? Was ihm das liebste ist, nehmen wir mit auf die Fährte. Wir legen eine Gerade und an ihr Ende für den Hund nicht vorher sichtbar beispielsweise den Ball. Wir warten etwa 10 Minuten und setzen dann den Hund an. Wenn er das Bällchen findet, wird er es voller Freude und Überraschung ergreifen. Er wird gelobt, anschließend spielen und toben wir mit ihm. Gleichermaßen verfahren wir an den nächstfolgenden vier Tagen, lassen dem Hund ein paar Tage Ruhe und fährten dann wieder in gewohnter Weise.
In den meisten Fällen beseitigt diese Auflockerungsübung die Unlust, und wir haben einen Hund, der wieder freudig bei der Sache ist.

Unterordnung

Spielerische Gehorsamsübungen

Auch mit dieser Disziplin fangen wir schon im frühen Welpenalter an. Wir nutzen Spieltrieb und Anhänglichkeit geschickt aus, um dem Hund die ersten Kommandos völlig ohne Zwang beizubringen. Wichtig ist die Spieltriebförderung wie toben, balgen, auf den Boden hocken, weglaufen und verstecken. Immer soll bei diesem Spielchen der Hund hinter seinem Führer herlaufen beziehungsweise ihn suchen. Niemals darf es geschehen, daß Herrchen den Hund scheucht oder ihn einzufangen versucht. Man würde ihm somit das Weglaufen und nicht das Kommen beibringen, und im weiteren Verlauf der Ausbildung wäre Ungehorsam die Folge. Kommt er, wird er überschwenglich gelobt, gegebenenfalls mit Leckerchen belohnt.

Nach dieser Vorübung heißt es zunächst in Verbindung mit dem Namen des Hundes – ganz gezielt – »Hier«. Wir halten nun einen Leckerbissen etwa 30 cm über dem Kopf des Welpen und geben das Hörzeichen »Sitz«. Die meisten Hunde begreifen sehr schnell, was von ihnen verlangt wird, und setzen sich von allein. Wichtig ist die sofortige Belohnung, sobald der Hund sitzt.

Nach ein paar Tagen schon wird sich der Welpe nach dem Hereinrufen flott hinsetzen. Wir wiederholen die Übung erst, nachdem wir ihm Zeit gelassen haben, sich frei zu bewegen, herumzuschnüffeln und abzuschalten. Dann plötzlich erhält er das Hörzeichen »Hier«... und so weiter. Diese Übung kann auch in der Wohnung erfolgen. Wir empfehlen überhaupt, den Welpen mindestens einmal am Tag hereinzuholen. Es fördert den Kontakt und gestattet uns, mit ihm auf dem Boden zu balgen, was in der kalten und feuchten Jahreszeit draußen nicht möglich ist.

Hat unser Hund das Hörzeichen »Sitz« begriffen, gehen wir dazu über, ihn mit Wurststückchen aus dem Mund zu belohnen. Es wird nicht lange dauern, bis er die Bröckchen geschickt auffängt.

Wir halten fest: der Hund kommt auf Kommando »Hier« und setzt sich dicht vor uns hin.

Beim nächsten Lernabschnitt entfernt sich der Hundeführer von seinem Hund, den eine Hilfsperson an einer einfachen leichten Führleine festhält.

Durch Anrufen, Locken und Händeklatschen des Hundeführers wird beim Hund die höchste Erregungsphase angesprochen.

Durch Anrufen, Locken und Händeklatschen des Hundeführers wird beim Hund die höchste Erregungsphase angesprochen. Er zeigt durch Jaulen, Zerren an der Leine und Herumtanzen an, daß der Zeitpunkt günstig ist, ihn hereinzurufen. Wir geben das laute Hörzeichen »Hier«, und die Hilfsperson läßt den Hund samt Leine frei. Wie ein geölter Blitz wird er zu seinem Führer sausen, der möglichst mit dem Rücken in Zaunnähe steht, um von Anfang an ein Vorbeischießen zu verhindern. Der Hund bekommt das Hörzeichen »Sitz« und danach seine Belohnung aus dem Mund. Damit er-

Die Schutzhundausbildung

Leinenführigkeit und Freifolge

Obwohl die Leinenführigkeit als Grundstufe der Gehorsamsübungen angesehen werden kann, beginnen wir damit erst, wenn unser Hund etwa 10 Monate alt ist. Er ist jetzt in der Lage, den hierbei unvermeidlichen Druck durch wiederholten starken Leinenruck zu verkraften, ohne Schaden zu nehmen. Sehr wichtig ist ein guter Kontakt zwischen Führer und Hund. Nur wenn die beiden ein Gespann bilden, ist der Hund bereit, seinem Herrn freudig zu folgen.

Es ist zweckmäßig, eine leichte Leine von höchstens einem Meter Länge zu benutzen. Perfekt ist die Übung, wenn der Hund, ab und zu nach rechts oben schauend, mit der rechten Schulter eng am linken Knie des Hundeführers läuft und bei den verschiedenen Gangarten und Wendungen dort verbleibt. Er muß sich ohne Kommando setzen, sobald der Hundeführer stehenbleibt.

Der Hund sitzt in Grundstellung neben uns. Wir nehmen die Leine in die rechte Hand, damit wir mit der linken Hand das Loben unterstützen können, geben das Hörzeichen »Fuß« sowie einen kurzen Leinenruck und marschieren los. Für die normale Gangart wählen wir kurze und schnelle Schritte, die Leine soll leicht durchhängen. Jedes Abweichen des Hundes korrigieren wir mit einem erneuten »Fuß« und Leinenruck. Geht er korrekt, loben wir ihn hin und wieder und kraulen ihn mit der linken Hand rechts

Nachdem die Hilfsperson den Hund freigelassen hat, rennt der Hund zum Hundeführer. Dieser gibt das Hörzeichen »Sitz« und belohnt den Hund mit einem Leckerchen aus dem Mund.

reichen wir, daß der Hund seinen Führer anschaut, er ist empfangsbereit für ein neues Hörzeichen, und das Ganze ergibt ein schönes Bild. Wir müssen darauf achten, daß der Hund jetzt korrekt und so nah wie möglich vor uns sitzt. Wir korrigieren durch einen kurzen Rückwärtsschritt, nehmen die Hände zu Hilfe, indem wir uns als optisches Zeichen auf den Bauch klopfen.

Wichtig: der Hund muß immer zum Führer kommen; nie dürfen wir an den abseits sitzenden Hund herantreten.

Unterordnung

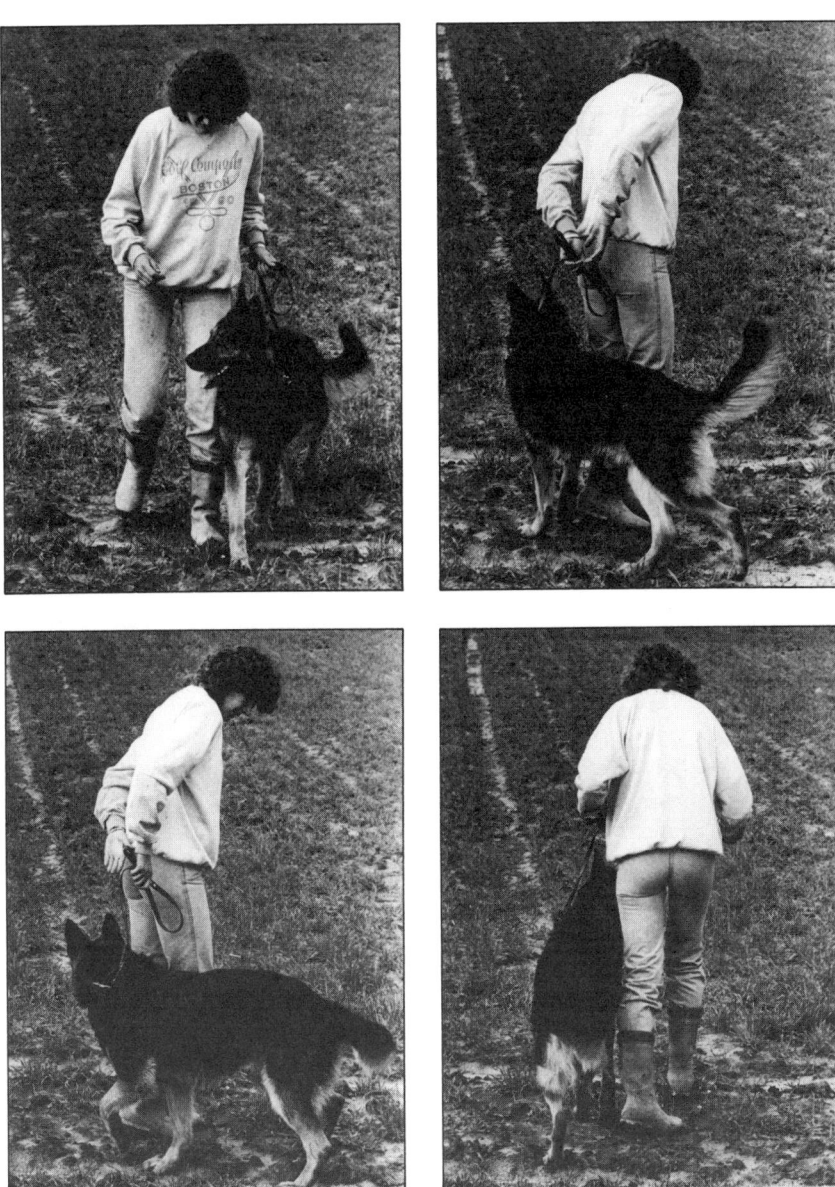

Die Linkskehrtwendung in vier Schritten

am Hals. Er wird das Bestreben haben, das Kraulen auszukosten und hält dabei automatisch den Kopf wie gewünscht.
In den ersten Übungsstunden wählen wir lange Geraden und machen jeweils am Ende eine Rechtskehrtwendung, die sehr zügig vonstatten gehen muß, damit sich der Hund sofort daran gewöhnt, nicht langsamer zu werden, sondern die eingeschlagene Gangart beizubehalten.
Anfangs können wir auch ab und an mit der linken Hand auf den linken Oberschenkel klopfen, der Hund wird auf diese Weise aufgemuntert und zum freudigen Mitlaufen angeregt. Es ist wichtig, daß wir loben und mit ihm sprechen, wenn er sich wie gewünscht verhält.
Wenn die Übung im normalen Schritt mit der Rechtskehrtwendung richtig sitzt, gehen wir dazu über, die Gangart zu verändern, das heißt wir gehen aus dem Normalschritt zwischendurch mal in den langsamen Schritt und mal in den Laufschritt über. Jeweils beim Wechseln der Gangart ist das Hörzeichen »Fuß« zu geben.
Bei der Linkskehrtwendung drehen wir uns um 180 Grad gegen den Hund, wechseln dabei die Leine in die linke Hand, bis wir uns in Gegenrichtung befinden. Diese Übung sollte man sich von einem erfahrenen Sportkameraden zeigen lassen, sie sieht anfangs schwierig aus, ist aber ganz einfach, wenn man erst weiß, wie es geht. Auf jeden Fall muß die Sache zügig vonstatten gehen. Nach der Drehung halten wir an, das heißt, wir gehen noch ein bis zwei Schritte weiter geradeaus, und erst dann lassen wir den Hund absitzen. So kann er sich korrekt neben uns setzen.
Haben wir einen sehr bringfreudigen Hund, können wir die Leinenführigkeit auch auf folgende Weise einüben: Wir haben die Leine in der linken Hand und führen in der rechten Hand ein Stöckchen mit. Der angewinkelte Arm bewegt sich bei jedem Schritt, das Stöckchen wird für den Hund sichtbar gehalten. Wir korrigieren Fehlverhalten mit der Leine und dem Hörzeichen »Fuß«, wie bereits beschrieben. Das Holz erzeugt Span-

Erlernen der Leinenführigkeit mit einem Stöckchen

Dobermann

nung, der Hund wird nach rechts oben schauen und freudig mittraben. Wir vergessen das Loben nicht, wenn er seine Sache gut macht.

Wenn wir nach einigen Übungsstunden einen Abbau der Spannung beobachten, werfen wir das Holz nach rechts seitwärts weg, lassen die Leine los, und der Hund darf es holen. Ist er wieder bei uns, nehmen wir die Leine auf und das Bringsel aus dem Fang und setzen mit dem Hörzeichen »Fuß« und dem Holz in der rechten Hand die Übung fort. Der Hund soll bei dieser Ausbildungsmethode immer Freude zeigen, keinesfalls darf er ermüden. Das heißt also, daß wir die Leinenführigkeitsübung anfangs nicht zu sehr ausdehnen dürfen. Der Hundeführer muß erkennen, wann sein Hund die Motivation braucht, und soll dann die Übung durch zwangloses Bringen unterbrechen. Er muß den Spannungsverlust im Anfangsstadium erkennen und dem Hund dann sofort das kleine Spielchen anbieten.

Ganz wichtig ist es, sich für die eine oder andere Methode zu entscheiden. Wenn mit Stöckchen gearbeitet wird, darf es während der gesamten Ausbildungszeit nie fehlen. Auch wenn die Übung perfekt sitzt, sollte man es noch ab und zu als Stimmungsmacher aus der Tasche ziehen.

Wenn der Hund die Leinenführigkeit perfekt beherrscht, gehen wir dazu über, den kompletten Übungsablauf ohne Leine zu erarbeiten. Auch hier kann das Stöckchen benutzt werden. Ganz wichtig: die korrekte Arbeit mit der Leine ist die Voraussetzung für die Freifolge.

Die Freifolge

Sitz

Was »Sitz« bedeutet, haben wir unserem Hund ja schon im frühen Welpenalter beigebracht.

Das nächste Ausbildungsziel heißt »Sitz aus der Bewegung«, das heißt, der Hund soll sich nach mindestens 10 Schritten bei Fuß auf das Hörzeichen »Sitz« hinsetzen und verharren, während der Hundeführer ungefähr 30 Schritte weitergeht und dann den Hund wieder abholt, indem er in Grundstellung neben ihn tritt.

Die Schutzhundausbildung

Sitz

Wir beginnen mit der Einübung, indem wir den Hund nach dem Hereinrufen vor uns absitzen lassen. Wie gewohnt bekommt er sein Leckerchen, während wir die Leine in die Hand nehmen. Wir wiederholen jetzt mehrmals das Hörzeichen »Sitz«, streichen dem Hund dabei auch einmal über den Kopf. Keinesfalls dürfen wir im harten Befehlston mit ihm sprechen. Jetzt bewegen wir uns rückwärtsgehend einige Schritte vom Hund weg und gehen, ohne zu verharren, wieder zu ihm zurück. Bleibt er sitzen, vergessen wir nicht das Loben und wiederholen die Übung zwei- bis dreimal. Wir belohnen ihn und befreien ihn zunächst einmal durch das Hörzeichen »Lauf« aus seiner Zwangslage. Auf keinen Fall darf er sich von allein erheben. Wir lassen die Leine los (bleibt jedoch am Hund), toben kurz mit ihm und rufen ihn dann wieder mit »Hier«; anschließend darf das Belohnen nicht vergessen werden. Die beschriebene Übung wird wiederholt. Nach einigen Tagen wäre damit der erste Lernabschnitt »Sitz« geschafft. Der Hund sitzt, wenn wir uns entfernen, bis wir wieder vor ihm stehen.

Als nächstes bauen wir eine Schwierigkeit ein. Nachdem wir die Vorübung noch einmal aufgefrischt haben, gehen wir mit der Leine in der Hand, die wir etwas hochhalten, um den Hund herum. Meistens wird unser Freund unruhig, wenn wir direkt hinter ihm sind. Er wird den Kopf drehen und vielleicht sogar versuchen aufzustehen. In diesem Fall bringen wir ihn unter Hörzeichen gegebenenfalls mit sanfter Gewalt wieder in die Sitzstellung und gehen noch einige Male um ihn herum, bis er begriffen hat, daß er in dieser Position verharren soll. Wir stehen bei Beendigung dieser Übung wieder in gewohnter Stellung vor dem Hund und entlassen ihn mit »Lauf« in die Freiheit.

Die dritte Phase hat das Endziel, daß wir bei Abschluß der Übung in Grundstellung neben dem Hund stehen. Hier heißt es aufpassen, daß er sich nicht in eine andere Position zu bringen versucht, während wir neben ihm Aufstellung nehmen. Wir haben die Leine in der rechten Hand und nehmen die Linke zu Hilfe, um den Hund gegebe-

Unterordnung

Sitzübung an der Leine. 1. Beginn dieser Übung

2. Meist wird der Hund beim Herumgehen des Führers leicht unruhig. Falls er aufsteht, muß er unter Hörzeichen und gegebenenfalls mit sanfter Gewalt wieder in die Sitzstellung gebracht werden.

Die Grundstellung

nenfalls mit dem Wort »Gerade« an uns heranzurücken oder aber bei Erfolg kurz zu streicheln. Jetzt bleiben wir eine Weile mit dem bei Fuß sitzenden Hund ruhig stehen. Danach wiederholen wir noch einmal das Herumgehen und erst dann, nachdem er sauber neben uns gesessen hat, darf er nach dem Hörzeichen »Lauf« toben.
Es könnte passieren, daß der Hund sich beim Erlernen der Sitzübung hinlegen will. Jetzt heißt es Ruhe bewahren und ihn ruhig aber bestimmt mit dem Hörzeichen »Sitz« nach oben ziehen. Wir loben sofort, wenn er wieder sitzt, damit er begreift, daß dies die gewünschte Position ist.
Jetzt können wir an die Vollendung der Übung »Sitz aus der Bewegung« herangehen. Wir begeben uns zunächst in die Grundstellung (der Hundeführer steht mit bei Fuß sitzendem Hund). Wir geben das Kommando »Fuß« und gehen einige Schritte geradeaus, halten dann kurz an und bringen den Hund mit dem Hörzeichen »Sitz« so schnell wie möglich in die Sitzstellung. Dann drehen wir uns zum Hund, entfernen uns rückwärtsgehend einige Schritte, bleiben stehen und verharren einen Moment. Dann loben wir mit den Worten »So ist brav, schön sitz«, gehen wieder zum Hund, um ihn herum und nehmen die Grundstellung ein.
Es kommt jetzt darauf an, daß sich der Hund im Laufe der Ausbildung immer schneller hinsetzt. Nach einigen Übungsstunden müßte es so aussehen, daß der Hundeführer nur noch einen kurzen Wechselschritt als Hilfe benutzt und sich auch bereits einige Meter in normaler Richtung weiterbewegt. Erst wenn unser Hund sicher absitzt und kein Fehlverhalten mehr zu befürchten ist, gehen wir normal geradeaus.

Platz

Dies ist eine Übung, bei der sich der Hund unterwerfen muß. Wir kommen hier um einen gewissen Zwang nicht herum.
Die Prüfungsordnung schreibt vor, daß der Hund während der Vorführung eines anderen Teilnehmers am

Unterordnung

Platz

Rande des Übungsplatzes abliegt. Wir üben also zunächst das »Platz« mit Liegenbleiben und späterem Abholen. Der Hund steht unbefangen neben uns. Zunächst einmal lassen wir ihn nicht absitzen, damit keine Verknüpfung entsteht, von »Sitz« selbständig auf »Platz« zu gehen. Wir geben den Befehl »Platz«, ziehen mit einem Ruck an der Leine den Kopf des Hundes senkrecht nach unten (keinesfalls nach vorn) und gleichzeitig mit der anderen Hand die Vorderpfoten nach vorn. Der Hund wird sich aufbäumen; hier müssen wir Kraft anwenden und Konsequenz walten lassen. Bald wird er merken, daß die ganze Zappelei nichts nützt. Er wird sich in sein Schicksal ergeben und liegenbleiben. Sobald das erreicht ist, streicheln, loben und beruhigen wir ihn. Er muß begreifen lernen, daß das Befolgen des Kommandos angenehm ist und ihm nichts passiert. Wir verweilen in gebückter Stellung beim Hund, bis er sich vollkommen beruhigt hat und erheben uns dann langsam. Mit dem Hörzeichen »Platz« kombiniert sprechen wir lobend und beruhigend auf unseren Freund ein. Er muß eine Zeitlang liegenbleiben, ohne seine Position zu verändern, das heißt, er darf weder schnüffeln, robben beziehungsweise sich wälzen, geschweige denn aufstehen. Ein Fehlverhalten wird sofort mit einem Leinenruck nach unten

Hilfegebung bei »Platz«

und einem scharfen Befehl »Platz« geahndet. Bleibt er liegen, wird er beruhigt, jedoch keinesfalls aufmunternd gelobt.

Dieses Liegenbleiben muß von Anfang an mit absoluter Konsequenz eingeübt werden. Wir müssen dem Hund begreiflich machen, daß jede selbständige Veränderung seiner Position bestraft wird. Das setzt voraus, daß wir ihn keine Sekunde aus dem Auge lassen, um sofort eingreifen zu können. Hat der Hund das Kommando »Platz« begriffen, legt er sich also selbständig nach dem Hörzeichen hin, können wir uns an einer langen Leine langsam einige Schritte entfernen. Wir bleiben eine Weile stehen, gehen zum Hund zurück und nehmen wieder neben ihm Aufstellung. Nach kurzem Verharren befehlen wir »Sitz« und helfen ihm mit einem leichten Ruck an der Leine nach oben. Die Grundstellung wird einen Moment beibehalten und dann der Hund aus der Übung entlassen.

Wenn wir unserem Hund etwas beibringen wollen, ist ein ruhiger Ort wichtig, an dem er anfangs keinerlei Ablenkung ausgesetzt ist. Natürlich muß er im fortgeschrittenen Stadium alle Übungen auch unter Ablenkung ausführen. Beim Abliegen darf er sich später durch die Arbeit eines anderen Hundes nicht beeinflussen lassen.

Ohne Schwierigkeiten können wir

Freudiges Hereinkommen

dann zum »Platz mit Hereinrufen« übergehen. Von der Grundstellung aus geht der Hundeführer mit seinem Hund, den er an dem kurzen Bändchen (Das ist eine etwa 25 cm lange Schnur mit einem Knoten am Ende, die am Halsband befestigt wird, dort verbleibt und nur auf Prüfungen entfernt wird.) hält, mindestens 10 Schritt geradeaus und befiehlt dann kurz und trocken in mittlerer Lautstärke »Platz«. Klappt es nicht, muß mittels Leinenruck nachgeholfen werden. Wichtig ist, daß sich der Hund schnell hinlegt. Auf korrektes Liegenbleiben muß geachtet werden. Dann entfernen wir uns 10 bis 20 Schritt, gehen danach mit den Worten »Schön Platz« wieder zum Hund und entfernen uns dann wieder etwa 20 Schritt. Anschließend drehen wir uns zum Hund und verharren eine Weile. Dann ertönt das bereits bekannte »Hier«, das wir beim ersten Mal mit Händeklatschen unterstützen, damit der Hund schnell und freudig zu uns kommt. Auf sauberes Vorsitzen müssen wir achten und den Hund mit Leckerchen aus dem Mund belohnen. Wir geben das Hörzeichen »Fuß« und bringen den Hund mit Hilfegebung in die Grundstellung. Mit dem Kommando erfolgt richtungsweisend ein kleiner Ruck der rechten Hand am Bändchen, dann nehmen wir den hinter uns herumgehenden Hund mit Aufmunterungsbewegungen auf unserer linken Seite in Empfang und lassen ihn neben uns absitzen. In den folgenden Übungsstunden entfernen wir uns bereits mindestens die vorgeschriebenen 30 Schritt. Die Belohnung mit Futterbrocken schränken wir erheblich ein, nur ab und zu gibt es etwas, um die Erwartungshaltung und damit den guten optischen Eindruck zu erhalten. Das schnelle Beifußkommen können wir dadurch fördern, daß wir den Hund mit einem Leckerbissen erst belohnen, nachdem er neben uns abgesessen hat. Die Belohnung muß unterschiedlich erfolgen. Er darf nicht wissen, wann er belohnt wird. Wir können auch zur Aufmunterung, nachdem er das Gewünschte ausgeführt hat, ein Stöckchen werfen.

Im Zusammenhang mit dem Herankommen darf der Hund weder beim Training noch außerhalb des Übungsplatzes für zeitlich zurückliegendes Fehlverhalten oder zögerndes Kommen bestraft werden. Wenn man diesen Ausbildungsgrundsatz nicht beachtet, führt das beim Hund zu der Verknüpfung: zum Hundeführer kommen ist unangenehm! Nur mit sehr viel Mühe, wenn überhaupt, ist bei solchen Hunden ein freudiges Herankommen noch zu erreichen.

Noch ein Tip, was das Hereinrufen betrifft: Bleibt der Hund zuverlässig liegen, sollte die Entfernung zwischen ihm und seinem Führer möglichst groß sein. Je länger die Strecke ist, die der Hund zurücklegen muß, um so besser kommt er »auf Touren« und somit schnell zum Führer heran.

Apportieren

Apportieren (Bringen) ist ein schwieriges Kapitel, bei dem Unkenntnis vieles verderben kann. Der Hund kann leicht verprellt werden und zeigt dann sein Leben lang Unlust bei dieser Übung. Wir sollten seinen ihm angeborenen Beutetrieb nutzen, um nicht später einmal starken Zwang anwenden zu müssen. Mit dem Beutespiel können wir gar nicht früh genug beginnen.

Ein Tennisball leistet am Anfang gute Dienste, weil er durch das Rollen längere Zeit in Bewegung ist und somit eine höhere Reizwirkung auf unseren Welpen hat als zum Beispiel ein Stock. Dieses Spielchen läßt sich zunächst gut zu zweit spielen. Man hockt sich im Abstand von einigen Metern auf den Boden (er sollte einigermaßen glatt sein), macht den Hund auf das Bällchen aufmerksam und rollt es ihm zu. Ergreift er den Ball, loben wir ihn und locken ihn zu uns. Wenn die Entfernung nicht zu groß ist, wird er automatisch immer in der Nähe eines »Mitspielers« sein. Der Hund wird gekrault, wir nehmen ihm sanft den Ball ab und setzen ihn sofort wieder in Bewegung. Für diese Vorübung sollten wir uns 2 bis 3 Wochen lang jeden Tag etwas Zeit nehmen.

Ist unser kleiner Vierbeiner etwa 15 Wochen alt, wird es ernst! Wir gehen davon aus, daß er an Halsband und Leine gewöhnt ist und nehmen ihn an eine leichte etwa 3 Meter lange Führleine. Wir zeigen dem Welpen einen

Riesenschnauzer

für dieses Spiel geeigneten Stock, bewegen ihn ruckartig hin und her, ziehen ihn über den Boden und erregen so das Interesse unseres Hundes für diesen Gegenstand. Er kennt ja das Beutespiel und wird sehr bald nach dem Stöckchen schnappen. Wir loben ihn, halten den Stock fest und ermuntern den Hund durch vorsichtiges Zerren, die Beute möglichst eine Weile festzuhalten. Läßt er den Stock los, wiederholen wir das Spiel einige Male. Als nächstes lassen wir das Bringsel nach kurzem Ziehen los. Trägt er es, wird er überschwenglich gelobt. Wir haben unseren Freund ja an der Leine und können ihn, falls er nicht von selbst kommt, sanft zu uns hinziehen. Wir loben und kraulen ihn und nehmen den Stock vorsichtig aus dem Fang. Wir müssen ihn sofort wieder werfen, das ist ganz wichtig, aber nur 1 bis 2 Meter, da das Blickfeld eines Welpen noch sehr begrenzt ist. Der Wurf wird jedesmal von einem aufmunternden „Bring" begleitet.

Wir wiederholen nur, wenn der Hund uns seine Bereitschaft zu diesem Spiel anzeigt. Sonst könnte es passieren, daß er das Holz fallenläßt, aber so weit sollte es nicht kommen. Unser Ziel ist es, daß unser Welpe das Hölzchen möglichst lange trägt beziehungsweise im Fang behält. Um das zu erreichen und zu unterstützen, greifen wir nach dem Stock, ohne ihn aus dem Fang zu nehmen, lassen wieder los, bewegen uns rückwärtslaufend und locken den Hund zu uns.

Wir können jetzt, wenn der Hund gelernt hat, mit dem Bringsel zu uns zu kommen, folgende Übung einbauen: wir nehmen ihm das Bringsel ab, indem wir geschickt die Spannung erhalten. Sollte er den Stock fallenlassen, heben wir ihn auf.

In jedem Fall halten wir das Holz hoch un geben dem Hund das Hörzeichen »Sitz«. Die Ausführung dieses Kommandos haben wir bereits parallel zur Apportierübung separat geübt. Der Hund darf uns jetzt den Stock aus der Hand nehmen und damit spielen. Auf keinen Fall dürfen wir hinter unserem Welpen herlaufen, wenn er das Bringsel im Fang hat, ansonsten ist es dem Geschick des Hundeführers überlassen, seinen Vierbeiner so zu motivieren, daß er das Gewünsche ausführt und das bisher Erlernte festigt.

Jetzt ist es langsam angezeigt, daß wir uns ein Apportierholz besorgen und dieses statt des Stockes verwenden. Es ist unbedingt von Anfang an darauf zu achten, daß unser Hund dieses Bringsel in der Mitte faßt. Haben wir fleißig geübt und ist der Hund etwa 5 Monate alt, erwarten wir folgende Verknüpfung: er bringt uns das Holz, damit wir es wieder wegwerfen.

Jetzt kommt eine schwierige Phase: der Hund soll sich mit dem Bringsel vorsetzen. Er steht erwartungsvoll vor uns, und wir befehlen ihm das ihm bereits bekannte „Sitz". Durch diese ihm unangenehme Einwirkung wird er dazu neigen, das Holz fallen zu lassen. Das sollte man einkalkulieren und entsprechende Maßnahmen ergreifen, damit es gar nicht erst dazu kommt.

Wir fassen mit der linken Hand unter den Fang und drücken gegebenenfalls die Kruppe (zwischen Kreuz und Rute liegender Teil) leicht herunter, falls er sich nicht von selbst hinsetzt. Die linke Hand bleibt unter dem Fang und verhindert das „Ausspucken", die Rechte streichelt über den Kopf, und es wird sehr viel gelobt. Hat der Hund das Holz zwischen den Zähnen, entlassen wir ihn aus der Zwangslage mit dem Hörzeichen »Lauf«, er darf sich frei bewegen. Wir laufen einige Schritte rückwärts und ermuntern ihn mit »Bring« wieder zum Kommen.

Jetzt könnte es passieren, daß unser Freund die Sache leid hat und das Holz einfach ablegt. Er gibt zu erkennen, daß ein wiederholtes Beutespiel zwecklos wäre. Es bleibt uns nichts anderes übrig, als das Holz selbst aufzunehmen. Wir zeigen es unserem Hund, der wahrscheinlich durch das Interessantmachen wieder Bereitschaft zeigt, mit uns das Spiel fortzusetzen. Es wäre aber grundverkehrt, darauf einzugehen, da wir damit rechnen müssen, daß er uns das Bringsel wieder vor die Füße wirft. Um dem aus dem Wege zu gehen, zeigen wir das Holz noch einige Male und stekken es dann auffällig in die Tasche. Nach dem Motto „Wehren spornt das Begehren" erzeugen wir bei dem Hund eine gewisse Enttäuschung, daß er sein Spielzeug nicht wiederbekommt. An diesem Tag wird die Übung nicht wiederholt. Einem eventuellen Leistungsstillstand sollten wir immer in ähnlicher Form begegnen.

Wenn wir es so weit geschafft haben, daß unser Hund das Apportierholz zuverlässig bringt und vorsitzt, nehmen wir es mit dem Hörzeichen »Aus« aus dem Fang und werfen es sofort wieder mit »Bring«. Dies wiederholen wir immer wieder.

Wir müssen uns vor Augen halten, daß das Apportieren für den Hund ein Spiel ist. Er darf es nie leid werden, also dürfen wir es nicht dazu kommen lassen, daß er dabei ermüdet oder einen Zwang empfindet. Wir sollten ein Gefühl dafür entwickeln, wann unser Hund bereit ist, voller Spannung und Konzentration dieses Spiel mit uns zu spielen. Wir müssen also Pausen einlegen, uns irgendwo niederlassen, dem Hund keinerlei Ersatzspiele anbieten, ihn sich ausruhen lassen. Um so freudiger wird er danach wieder bei der Sache sein.

Immer wieder muß daran gedacht werden, daß das Apportieren viel Geduld und Einfühlungsvermögen erfordert und bei dieser Übung nicht unbedingt konstante fortschreitende Erfolge zu verzeichnen sind. Es wird zwischendurch immer wieder zu Fehlleistungen kommen, das sollte man wissen! Auf keinen Fall darf man den Mut sinken lassen; eventuell muß auf eine Grundübung zurückgegriffen werden. Führt unser Hund die Bringübung soweit beschrieben ordentlich aus, ist er reif genug, daß wir ihn zu Beginn neben uns sitzen lassen können. Die Führleine benutzen wir jetzt nicht mehr. Wir befestigen einen in etwa 25 cm langen stärkeren Bindfaden

Unterordnung

Das Apportieren
1. Der Hund muß das Apportierholz schnell aufnehmen und zügig zum Hundeführer bringen.

2. Vorsitzen mit dem Apportierholz

am Halsband, der immer dort verbleibt, bei Prüfungen allerdings zu entfernen ist. Wir halten das Bändchen in der Hand, während wir das Holz werfen. So verhindern wir ein sofortiges Hinterherlaufen und können den Hund, der mit Sicherheit aufgestanden ist, wieder in die Sitzstellung bringen. Dieses Verhalten ist zunächst für den Hund unverständlich, durfte er doch bisher immer sofort starten. Wir müssen ihm behutsam beibringen, daß er sitzenzubleiben hat und sich erst auf das Hörzeichen »Bring« von uns lösen darf. Wir sollten mit dem Kommando nicht zu lange warten, damit der Beutetrieb nicht unterdrückt wird. Wenn unser Hund das etwa 3 bis 5 Meter weit fortgeworfene Apportierholz schnell aufnimmt, uns zügig bringt und nach dem Vorsitzen abgibt, haben wir zunächst unser Ziel erreicht. Sollte er die Übung nicht korrekt ausführen – vielleicht kommt er nicht direkt sondern im Bogen zu uns zurück oder sitzt nicht nah genug –, müssen wir noch einige Zeit mit einer etwa 5 Meter langen leichten Leine arbeiten.

Nun gilt es eine Unart abzubauen, die der Hund bei dieser Ausbildung ohne Zwang mit Sicherheit an sich haben wird; das Knautschen. Das bedeutet, er hält das Bringsel nicht ruhig im Fang. Wir haben eine Methode herausgearbeitet, ihm das abzugewöhnen, er sollte jetzt allerdings mindestens 8 Monate alt sein. Wir streicheln mit der linken Hand den Kopf, die rechte Hand klopft den knautschenden Kiefer, und mit »Na, festhalten« unterstützen wir das leicht strafende Vorgehen. Hält der Hund das Holz ruhig, wird er mit der rechten Hand unter lobenden Worten gestreichelt. Wenn wir erreicht haben, daß das Knautschen beim Vorsitzen unterbleibt, müssen wir es unserem Hund auch abgewöhnen, wenn er auf dem Weg zu uns ist. Hier hilft wieder das Hörzeichen »Na, festhalten«, später nur ein »Na«. Sowie der Hund das Bringsel ruhig hält, loben wir ihn in der gewohnten Weise.

Den Abschluß der Apportierübung bildet das Hörzeichen »Fuß«, das heißt, der Hund muß sich, nachdem er das Holz abgegeben hat, in Grundstellung neben seinen Führer setzen.

Gehen wir der Reihe nach vor. Der Hund sitzt mit dem Holz vor uns. Wir nehmen es mit beiden Händen und dem Hörzeichen »Aus« aus dem Fang, halten es in der linken Hand, geben das Kommando »Fuß«, indem wir mit der rechten Hand die Leine ergreifen, das Holz dazu übernehmen und dann den Hund mit Leine und Apportierholz in der Hand hinter uns herumführen. Dabei erfolgt wiederum ein Wechsel von Leine und Holz in die linke Hand. Wir lassen den Hund mit Hörzeichen »Sitz« neben uns absitzen und übernehmen als Abschluß der Übung das Apportierholz in die rechte Hand. Die Ausführung der Schlußübung erscheint schwieriger, als sie ist. Wir bezwecken damit, daß der Hund nach dem Auslassen das Holz im Auge behält und dadurch angeregt wird, schnell herumzukommen.

Die prüfungsgerechte Abschlußübung sieht so aus, daß der vorsitzende Hund sich erst auf Kommando »Fuß« erheben darf. Er soll zügig herumkommen und sich ohne ein weiteres Hörzeichen in Grundstellung neben seinen Führer setzen.

Springen

Die meisten Hunde springen gern, und so ist das Einüben dieser Disziplin fast immer ohne Schwierigkeiten zu bewältigen. Es ist eine für den Hund lustbetonte Übung, vorausgesetzt, wir verstehen es, seine Bereitschaft zu fördern. Laut Prüfungsordnung muß bei der Schutzhund-I-Prüfung eine 1 Meter hohe Hürde und bei der Schutzhund-II- und Schutzhund-III-Prüfung außerdem eine 1,80 Meter hohe Schrägwand im Hin- und Rücksprung überwunden werden, wobei der Hund einen dem Führer gehörenden Gegenstand oder ein Apportierholz zu bringen hat.

Wir üben das Springen erst, wenn der Hund mindestens 10 Monate alt ist. Jetzt kann er die Beanspruchung körperlich verkraften, und Schädigungen sind auszuschließen. Auch ist es nicht von Nutzen, den Hürdensprung einzuüben, wenn das Apportieren noch nicht klappt.

Sobald der Hund freudig springt, binden wir das Bringen mit in diese Übung ein.

Springen über die Hürde

Die Einmeterhürde besteht aus abnehmbaren Elementen. Wir überspringen zusammen mit dem Hund unter Hörzeichen »Hopp« zunächst eine Höhe von höchstens 50 cm.

Ganz wichtig: auf jede Springübung muß immer sofort der Rücksprung folgen.

Nach kurzer Zeit springt der angeleinte Hund allein, wenn wir neben der Hürde mitlaufen. Sie wird bald auf ihre normale Höhe gebracht, das heißt die fehlenden Elemente werden nach und nach wieder eingesetzt.

Als nächstes lassen wir den Hund etwa 2 Meter vor der Hürde absitzen.

Hürdensprung mit Leinenhilfe

Damit ihm das Springen Freude macht, üben wir einige Male mit einem Stöckchen. Wir stellen uns neben die Hürde, halten den Stock ziemlich hoch, befehlen dem sitzenden Hund »Hopp« und fordern gleichermaßen sofort zum Rücksprung auf. Danach werfen wir das Stöckchen zwanglos fort und lassen es uns wiederbringen. Wir achten darauf, daß unser Hund die Hürde im Freisprung nimmt, was auf Grund der Motivation keine Schwierigkeiten bereiten wird. Hat der Hund diese Übungsabschnitte erfolgreich durchlaufen, können wir das prüfungsmäßige Bringen über die Hürde üben.

Der an einer etwas längeren Führleine angeleinte Hund sitzt etwa 2 Meter vor der Hürde in Grundstellung neben uns. Wir benutzten das etwa 650 Gramm schwere Apportierholz, das ihm vom Apportieren auf ebener Erde vertraut ist, und werfen es über die Hürde. Frühzeitiges Aufstehen wird mit Leinenruck bestraft, es erfolgt erneut das Hörzeichen »Sitz«. Erst auf das Kommando »Hopp« darf sich der Hund in Bewegung setzen.

Wir laufen mit, befehlen »Bring« und lassen ihn an der Leine mit dem Holz den Rücksprung ausführen, laufen dann einige Schritte rückwärts, damit der Hund vor uns absitzen kann. Nachdem wir ihm das Apportierholz wieder abgenommen haben, wird er mit dem Hörzeichen »Fuß« in die Grundstellung gerufen.

Ein einfühlsamer Ausbilder merkt am Verhalten seines Hundes, wann er ihn ohne Leinenhilfe zum Apportieren über die Hürde schicken kann. Das Kommando heißt »Hopp, Bring«, als Hilfegebung sagen wir anfangs noch einmal »Hopp«, sobald der Hund das Holz aufgenommen hat.

Sollte er versuchen, die Hürde zu umlaufen, muß er unbedingt abgefangen und nochmals durch Mitlaufen zum Sprung animiert werden.

Man kann immer wieder beobachten, daß Hundeführer ihre Vierbeiner sehr oft hintereinander springen lassen, weil sie immer eine Kleinigkeit auszusetzen haben. Wir sollten versuchen, übungsmäßig immer mit einem Sprung auszukommen und ihn höchstens im Ausnahmefall einmal zu wiederholen.

Sitzt der Hund schräg vor, korrigieren wir durch Zurückgehen. Er lernt das Geradevorsitzen mit der Zeit, nicht aber durch pausenlose Wiederholungen. Wir sollten bedenken, daß bei jedem Sprung das Knochengerüst des Hundes stark beansprucht wird.

Wir haben einmal einen Hund überlistet, der aus Trägheit permanent auf der Hürde aufsetzte.

Der Trick, ein schmales Brett obenauf zu legen, das beim leichten Berühren herunterfällt, oder eine Kette zu spannen, führte nicht zum gewünschten Verhalten.

Wir besorgten uns ein Stück Packpapier von der Rolle, umwickelten das Sprunggerät von Holm zu Holm damit und entfernten vorher sämtliche Bretter. Die Hürde unterschied sich nach der Verkleidung kaum von

Freisprung mit dem Apportierholz

ihrer ursprünglichen Form. Der Hund wurde geschickt, doch diesmal klappte das »Ausruhen« nicht, er fiel vielmehr ziemlich unsanft auf den Boden. Jetzt mußte die Situation durch unbefangenes Spiel überbrückt werden, da ja ein Rücksprung nicht mehr möglich war.

Am nächsten Tag zeigt es sich: der Schock hatte Wunder gewirkt! Der Hund war von nun an ein hervorragender Springer.

Springen über die Schrägwand

Dieses Sprunggerät soll der Hund möglichst kletternd überwinden. Beim Aufsetzen auf den Boden wird dann die Vorhand des Hundes nicht so extrem belastet.

Die Schrägwände sind verstellbar, und wir üben anfangs, indem wir die Höhe so einstellen, daß wir selber mitlaufen können. Weiß der Hund, was wir von ihm verlangen, können wir

Die Schutzhundausbildung

Ruhiges Klettern über die Schrägwand

die Freude an dieser Arbeit auf folgende Weise erhöhen: Mit einem verhaltenen »Hopp« fordern wir zum Klettern auf und laufen so mit, daß wir dem Hund auf dem höchsten Punkt ein Leckerchen anbieten können. In der gleichen Weise wird der Rücksprung ausgeführt. Dadurch prägt sich ihm der Klettersprung als lustbetontes Erlebnis ein. Wir sollten Einfluß zu nehmen versuchen, daß der Hund nicht mit einem Satz zu Boden springt, sondern auch abwärts klettert.

Langsam stellen wir die Wand steiler und laufen hier ebenfalls an der Seite zunächst mit dem angeleinten Hund mit und halten ihn beim Absprung etwas zurück, so daß er zum Ablaufen gezwungen wird.

Gleichzeitig üben wir nun das Bringen. Hierbei können wir ein kleines Apportierholz benutzen. Ebenso wie bei den vorgenannten Apportierübungen wird dem Hund nach dem Vorsitzen mit dem Hörzeichen »Aus« das Holz abgenommen. Wir sollten uns angewöhnen, hier immer einen kurzen Moment zu verharren. Er muß das Kommando »Fuß« unbedingt abwarten, mit dem er in die Grundstellung gerufen wird.

Airedaleterrier

Unterordnung

Voraus

Der Hund soll sich in schneller Gangart 25 bis 40 Schritt in angezeigter Richtung vom Hundeführer entfernen und sich nach dem Hörzeichen »Platz« sofort hinlegen. Wir müssen zunächst einen Anreiz in Form eines Gegenstandes schaffen, der den Hund veranlaßt, sich von uns zu lösen. Wir gehen davon aus, daß er die Platzübung einwandfrei beherrscht. Gut eignet sich ein kleiner Eimer, nicht höher als 20 Zentimeter, den man mit dem dazugehörigen Plastikdeckel fest verschließen kann. In diesen Behälter füllen wir Trockenfutterbrocken, die der Hund besonders gern nimmt.

Auf jedem Übungsplatz gibt es einen bestimmten Bereich, wo sich die Vorausübung abspielt. Das ist einmal die Mittellinie und dann der Ablagepunkt, der sich je nach Länge des Platzes ziemlich an seinem Ende befindet. Der Hund wird von Anfang an auf diesen Punkt fixiert. Die Schrittzahl der Entfernung wird in Gegenrichtung ausgebaut, das heißt, sie wird vom Platzende aus zurückgehend vergrößert.

Wir zeigen unserem Hund ganz zwanglos den Eimer, klappern und

Voraus

Die Schutzhundausbildung

Platz am Futtereimer

klopfen, geben ihm auch einen Brokken des Inhalts. Wir stellen den Behälter auf den Boden und befehlen »Platz«. Die Entfernung von hier bis zum Platzende sollte höchstens 20 Schritt betragen. Der Hund bleibt liegen, wir entfernen uns mit dem Eimer und stellen diesen auffällig am Endpunkt der Vorausübung ab. Wir gehen zurück, greifen zum Halsband, geben das Hörzeichen »Voraus« und schikken ihn unter Heben des Armes in die gewünschte Richtung.

Der Ablauf der Vorbereitung muß schnell vonstatten gehen, damit die Motivation erhalten bleibt. Wir gehen einmal davon aus, daß der Hund sich in Richtung Eimer in Bewegung setzt. Dann laufen wir hinter ihm her, um ihn beim eventuellen Zögern erneut voranzutreiben und ihm bei der Ausführung des »Platz«-Kommandos Hilfestellung zu geben. Hat er sich hingelegt, bekommt er seine Belohnung aus dem Eimer. Er darf nun laufen. Wir klappern mit dem Inhalt des Eimers und machen auf ihn aufmerksam, gehen wieder zum Ausgangspunkt und wiederholen die Übung.

Sollte der Hund auf Futter nicht ansprechen, können wir auch eine Jacke oder ähnliches benutzen.

Läuft der Hund nicht voraus, so ist der Anreiz des verwendeten Hilfsgegenstandes nicht stark genug. Wir können eine erhöhte Reizsituation herbeiführen, indem wir einer Hilfsperson den Hund an die Leine geben. Wir entfernen uns in beschriebener Weise, schwenken unterwegs heftig die Jakke, legen sie ab und versuchen dann unter dieser stärkeren Motivation den Hund, natürlich ohne Leine, vorauszuschicken. Nachdem er das Hörzeichen »Platz« befolgt hat, klopfen wir auf das abgelegte Stück, und er darf es beschnüffeln, eventuell geben wir ihm einen Belohnungshappen.

Bei der Vorausübung kommt es darauf an, im Hund den Drang zu erwekken, zu dem abgelegten Gegenstand zu gelangen. Gerade diese Übung erfordert viel Fingerspitzengefühl und ein Hineindenken in den Übungsablauf.

Nach einigen Tagen wird die Verknüpfung erkennbar sein. Unser Hund fixiert den abgelegten Gegenstand und kann es nicht erwarten, dorthin entlassen zu werden. Klappt auch das »Platz«, so haben wir die Grundlage geschaffen, die nach und nach eine größere Entfernung zuläßt. Bis zu 40 Schritt sollte sie betragen, wenn die Übung perfekt sein soll. Zur Perfektion gehört jetzt weiterhin, daß wir mit dem frei bei Fuß folgenden Hund einige Schritte geradeaus gehen. Ist der Vorausdrang erhalten geblieben, was wir voraussetzen, wird er, ohne das Hörzeichen abzuwarten, bereits loslaufen wollen. Etwas Wehren spornt bekanntlich das Begehren. Wir ermahnen ihn, am Fuß zu bleiben, notfalls unterstützt durch einen kurzen Ruck mit dem immer am Halsband befestigten Bändchen. Wenn dann das »Voraus« ertönt, müßte er um so freudiger dem Befehl Folge leisten. Wir gehen zum Hund, nehmen an seiner rechten Seite Aufstellung, warten einen kurzen Moment, geben Hörzeichen »Sitz«, und damit ist die Übung beendet. Die Hilfsgegenstände werden immer unauffälliger; man deckt den Behälter zunächst mit Gras ab, entfernt ihn später ganz und benutzt ihn nur im Bedarfsfall nochmals als Erinnerung.

Steh

Die Stehübung wird erst bei der Schutzhund-III-Prüfung gefordert, und zwar einmal aus dem Normalschritt und einmal aus dem Laufschritt. Der Hund hat die Grundausbildung bereits hinter sich, und bei einem eingespielten Team dürften keine größeren Schwierigkeiten mehr auftreten.

Für die Stehübung benötigen wir neben dem Gliederhalsband eine etwa 1 Meter lange Führleine mit einer Halteschlaufe am Ende. Diese legen wir dem Hund um den Bauch, ziehen auf dem Rücken den Karabinerhaken durch die Halteschlaufe und befestigen ihn am Halsband. So entsteht eine Haltevorrichtung ähnlich einem Koffergriff, mit der wir den Hund am Hinsetzen und Vorlaufen hindern kön-

Die Schutzhundausbildung

Steh

Stehenlernen mit dem Koffergriff
1. Verhindern des Absitzens   2. Verhindern des Weiterlaufens

nen. Wir ergreifen die Leine ziemlich weit hinten, gehen 10 bis 15 Schritt geradeaus und geben das Hörzeichen »Steh« bei gleichzeitigem Zug nach hinten. Wir loben »So ist brav, schön steh« und gehen unter gutem Zureden langsam um den Hund herum, genau wie bei der Sitzübung, und stellen uns dann neben ihn. Hier ist nun der Punkt, wo sich der Hund meistens setzen will, es ist für ihn die erlernte Position »Grundstellung«. Jetzt gilt es, ihm begreiflich zu machen, daß er stehen zu bleiben hat, was sich mit der Leine gut machen läßt.

Wenn der Hund das Hörzeichen mit dem Stehenbleiben verknüpft hat, gehen wir dazu über, uns von ihm in gerader Richtung zu entfernen, aber zunächst rückwärtsgehend, um ihn im Auge zu haben und gegebenenfalls auf ihn einwirken zu können. Wir dürfen bei Fehlverhalten niemals hastig auf unseren Freund zugehen, um ihn nicht einzuschüchtern. Die Prüfungsordnung schreibt eine Entfernung von mindestens 30 Schritt vor, aber wir fangen klein an, zunächst einmal mit etwa 10 Schritt.

Wenn die Übung beendet ist, das heißt, wenn wir den Hund abholen und neben ihm Aufstellung nehmen, dürfen wir ihn nicht absitzen lassen, sondern wir nehmen ihn aus dem »Steh« mit zur nächsten Übung. So wird vermieden, daß er sich zu früh beziehungsweise selbständig hinsetzt. Er darf sich laut Prüfungsordnung erst auf das Hörzeichen »Sitz« setzen. Bei der Prüfung bekommt er das vorgeschriebene Hörzeichen. Es dürfte keine Schwierigkeiten bei der Ausführung des Befehls geben. Gibt man das Kommando ständig, neigt der Hund später dazu, sich selbständig hinzusetzen, und es ist schwer, ihm diese Unart wieder abzugewöhnen.

Wenn der Hund das Hörzeichen »Steh« begriffen hat und ohne Hilfe korrekt ausführt, lassen wir die Hilfsleine wegfallen. Wir gehen etwa 30 Schritt in gerader Richtung, bleiben stehen, drehen uns zum Hund, um ihn, bei der Prüfung auf Anweisung des Leistungsrichters, abzuholen. Es ist unbedingt darauf zu achten, daß der Hund von Anfang an exakt stehenbleibt und sich auf keinen Fall vorwärtsbewegt, während wir von ihm weggehen. Neigt er dazu, müssen wir uns wieder im Rückwärtsgang bewegen, um ihn im Auge zu behalten und notfalls unmittelbar zurechtzuweisen. Wenn die Stehübung aus dem Normalschritt zuverlässig klappt, üben wir dasselbe aus dem Laufschritt. Es ist ratsam, noch einmal auf die Hilfsleine zurückzugreifen. Wir schlagen zunächst einen langsamen Laufschritt ein und helfen beim Hörzeichen mit der Leine. Auch hier ist wieder unbedingt auf ein korrektes Stehen zu achten. Das Nachlaufen, einmal zur Angewohnheit geworden, läßt sich nur schwer wieder abgewöhnen. Manche Hunde versuchen ihren Führer zu überlisten. Dreht man ihnen den Rücken zu, riskieren sie ein oder zwei Schritte, was sie sich beim Rückwärtsgehen des Hundeführers nicht erlauben würden. Es heißt also aufpassen, daß es nicht zu diesem unerwünschten Verhalten kommt.

Beim »Steh aus dem Laufschritt« wird der Hund nach etwa 30 Schritt Entfernung vom Hundeführer hereingerufen, was jedoch anfangs unterbleiben muß, um beim Erlernen nicht noch einen unnötigen Spannungseffekt einzubauen, der den Hund zum unruhigen Stehen verleiten würde. Wenn er ohne Hilfsleine aus dem Laufschritt sauber stehenbleibt, beginnen wir mit den Abrufen. Beim ersten Mal wird er nicht so flott wie gewünscht kommen. Dieser Übungsablauf ist für ihn ungewohnt, und er könnte etwas verunsichert sein. Wir laufen einige Schritte rückwärts und muntern ihn auf. Wie beim Hereinrufen aus der Platzübung lassen wir den Hund vorsitzen und rufen ihn dann bei Fuß. Sollte die Spannung zu groß werden und der Hund unser »Hier« nicht abwarten wollen, müssen wir ihn eine Zeitlang abholen.

Schußgleichgültigkeit

Der Hund hat sich laut Prüfungsordnung bei aus einiger Entfernung abgegebenen Schüssen aus einer Schreckschußpistole gleichgültig zu verhalten. Man kann seinen Hund bereits im Welpenalter an den Knall gewöhnen, indem man sich eine Kinderschreckschußpistole zulegt, aus der man ab und zu im Freien beim Laufen und Toben unvermittelt mal einen Schuß abgibt. Auf dem Übungsplatz schießt eine Hilfsperson. Es ist darauf zu achten, daß anfangs aus größerer Entfernung und immer vor dem Hund geschossen wird. Damit vermeidet man, daß er sich umsieht und verringert auch den Schreckmoment. Jetzt heißt es den Hund gut beobachten; verhält es sich schußgleichgültig, kann die Entfernung verringert und auch schon mal von der Seite oder von hinten her geschossen werden.

Den leicht schußempfindlichen Vierbeiner müssen wir behutsam mit dem harmlosen Knall vertraut machen. Wir beschränken uns auf 2 Schüsse pro Übungsstunde, während der Hund im Normalschritt neben uns läuft. Ebenfalls zweimal soll während der Ablage geschossen werden. Hier hocken wir uns anfangs neben den abliegenden Hund und kraulen ihn ruhig und ohne Hast, während die beiden Schüsse abgegeben werden. Wir müssen unserem Freund die eigene Ruhe und Gleichgültigkeit vermitteln und unbedingt aufgeregte Worte und hektische Bewegungen vermeiden, die ihm signalisieren könnten, jetzt passiert etwas. Später stehen wir dann neben dem Hund, gehen dann einige Schritte von ihm weg und vergrößern die Entfernung immer mehr, lassen ihn jedoch in keinem Fall aus dem Auge. Sollte er einmal unruhig werden, heißt es absolute Ruhe bewahren. Leichte Schreckhaftigkeit läßt sich mit Ruhe und Fingerspitzengefühl abbauen, man kann sie aber auch durch Hektik und falsche Einwirkung verstärken. Gerade bei der Erziehung zur Schußgleichgültigkeit braucht man einen zuverlässigen Sportfreund, der den optimalen Zeitpunkt erkennt und nicht wild drauflos ballert. Haben wir sie erreicht, ist es nicht erforderlich, bei jeder Übungsstunde zu schießen. Es sollte jedoch nicht ganz in Vergessenheit geraten.

Gehen durch eine Menschengruppe

Laut Prüfungsordnung müssen wir mit unserem Hund durch eine Menschengruppe gehen. Beim Durchlaufen soll gezeigt werden, daß sich der Hund den Menschen gegenüber unbefangen verhält.
Die Gruppe besteht aus 4 bis 6 Personen, die sich in langsamer Gangart hin- und herbewegen. Grundsätzlich ist diese Gruppe geradewegs und flotten Schrittes zu passieren, damit der Hund nicht zum Nachhängen verleitet wird. Auch sprechen wir viel mit ihm und loben ihn, wenn er zügig mitgeht. Nach etwa 10 Übungsstunden, wenn unser Freund flott und ohne Scheu mit uns die Gruppe durchläuft (je zweimal hin und zurück ist genug), beginnen wir mit dem Absitzen. Auch das muß mindestens einmal gezeigt werden. Wir üben das »Sitz« variabel, ab und zu auch mal ganz dicht vor, neben oder hinter einer Person. Diese darf anfangs den Hund auch mal kurz streicheln. Wir müssen ihm vermitteln, daß die Gruppe keineswegs etwas Unerfreuliches für ihn bedeutet.

Wir können auch bei der Übung einmal ganz rechts oder ganz links um eine Person herumgehen. Sollte sich der Hund später ablenken lassen, heißt es natürlich mit einem Leinenruck »Fuß« und »So ist brav«, wenn er wieder bei der Sache ist.

Schutzdienst

Allgemeines

Die Schutzdienstarbeit steht und fällt mit einem erfahrenen Helfer, auch Figurant oder Scheintäter genannt. Unsere Aufzeichnungen können nicht in jedem Falle als nachvollziehbare Ratschläge gewertet werden, da der Hundeführer die Schutzdienstarbeit mit dem gewählten Helfer und nur nach dessen Anweisung vollziehen kann. Dieser hat im Laufe der Zeit seine eigene Grundmethode entwickelt, ihm muß sich der Neuling im Hundesport zunächst anvertrauen, bevor er eigene Ideen in diese Zusammenarbeit einbringen kann.
Man tut gut daran, während der Grundausbildung bei dem einmal gewählten Helfer zu bleiben. Er hat nach einigen Übungsstunden die Wesensart des Hundes erkannt, kann ihn somit optimal fordern und fördern und hat durch das ständige gemeinsame Engagement ein starkes Interesse an der erfolgreichen Ausbildung.
Wir zeigen Methoden auf, nach denen

wir unsere Hunde ausbilden und die uns Erfolg brachten. Vielleicht kann diese oder jene Anregung mit einfließen in die Schutzdienstarbeit, die je nach Veranlagung des einzelnen Hundes individuell gestaltet werden muß.

Beutetrieb

Wir bilden unseren Hund für den Schutzdienst vor, indem wir ihm ein ganz bestimmtes Beutespiel anbieten. Wir benötigen dazu eine zweite Person. Der Garten ist anfangs der richtige Spielplatz.

Ein etwa 3 Meter langes Band wird an ein Stück Sack gebunden. Der 12 bis 14 Wochen alte Welpe wird am Halsband festgehalten, während die zweite Person den Sack am Band ruckartig vor dem Hund auf dem Boden hin- und herbewegt. Bald wird dieser aufmerksam und will der Beute nachjagen. Ist er richtig angereizt, wird er losgelassen, darf den Sack schnappen, ihn schütteln, tragen und wird ausgiebig gelobt. Durch einen Trick, eventuell durch kurzes Anheben des Hundes oder durch Anreizen mit einem zweiten Beutestück, veranlassen wir ihn zum Ablassen, und das Spiel wird noch einmal wiederholt. Dann ist es genug. In der Kürze liegt die Würze! Diese Weisheit sollte als goldene Regel während der Aufbauarbeit beherzigt werden.

Nach einigen Tagen wird es schwieriger. Der Sack wird in kreisenden Bewegungen herumgeschleudert, über den Boden gezogen und, während der Hund nach ihm schnappen will, nochmals mit kurzem Ruck von ihm wegbewegt. Er muß die Beute also aufmerksam fixieren und sich beeilen, wenn er sie packen will. Hat er zugefaßt, wird ihm der Sack erst nach kurzem Ziehen beziehungsweise Festhalten überlassen. Dieses Streitigmachen stellt bereits die erste Forderung an den Welpen. Er muß um die Beute kämpfen.

Wir bauen einen weiteren Schwierigkeitsgrad ein. Kurz vor dem Zufassen wird der Sack hochgerissen, und der Hund schießt ins Leere. Beim zweiten Anlauf bekommt er natürlich die Beute zu fassen.

Im Alter von etwa 4 1/2 Monaten beginnt der Zahnwechsel, das heißt, die

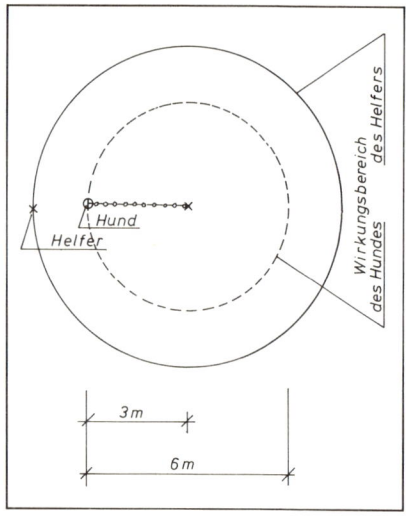

Hetzkettenarbeit

Hovawart

Schutzdienst

Anbiß am Hetzsack

Milchzähne fallen nach und nach aus, und das bleibende Gebiß wächst nach. Aus diesem Grund dürfen wir etwa 8 Wochen lang keine Anforderungen an unseren jungen Hund stellen. Auf keinen Fall darf er während dieser Zeit zum Beißen gebracht werden. Schmerzen können das Beutespiel zu einen unangenehmen Erlebnis werden lassen. So weit darf es unter keinen Umständen kommen.

Im Alter von 7 Monaten kommt der Hund auf dem Übungsplatz an die Hetzkette. Sie ist etwa 3 Meter lang und mit einer Feder ausgestattet, die verhindert, daß der vorschnellende Hund einen harten Ruck bekommt. Zunächst wird noch der dem Hund bekannte Sack zum Hetzen verwendet. Der Hundeführer steht anfangs neben dem Hund und hält die zusätzlich am Halsband befestigte Führleine in der Hand. Diese wird so weit nach unten gehalten, daß der übereifrige, hochspringende Hund davor bewahrt wird, sich zu überschlagen. Der Helfer reizt mit dem Sack in der Hand, indem er ihn hin- und herschleudert, auf dem Boden vom Hund weg bewegt und ihn schließlich von unten schräg nach oben ziehend zum Beutemachen anbietet. Nach kurzem Nachgeben und wieder Heranziehen wird dem Hund die Beute überlassen. Er darf sich einen Augenblick mit ihr beschäftigen, bis der Hundeführer trickreich ver-

Die Schutzhundausbildung

Arbeit mit dem Schleuderarm.
1. Reizen mit dem Schleuderarm

2. Anbiß am Schleuderarm

sucht, in den Besitz des Sackes zu kommen, den er dem Figuranten sofort zuwirft, damit dieser den Hund erneut damit anhetzen kann. Aber wie gesagt: in der Kürze... Eine Ermüdung beziehungsweise Überforderung hemmt das Vorwärtskommen in der Ausbildung.

Unser Hund hat jetzt gelernt, Beute niederzureißen und durch Kämpfen für eine Weile in seinen Besitz zu bringen. Wir benutzen jetzt eine alte Manschette oder eine Beißwulst, woran wir eine 3 Meter lange Leine befestigt haben. Der Helfer schleudert das Objekt mehrmals kreisend an dem an der Hetzkette festgemachten Hund vorbei, bringt es schließlich in Kopfhöhe und läßt ihn zuschnappen. Es folgt das Beutespiel, wie wir es bereits kennen. Das Band wird nach und nach verkürzt, was bereits eine erhöhte Anforderung an die Belastbarkeit des Hundes bedeutet. Beißt er an ganz kurzer Leine und zeigt einen konsequenten Griff, gehen wir zum sogenannten Junghundärmel über. Dies ist ein weicher Beißarm, an dem ungeübte Junghunde den festen Anbiß erlernen.

Wehrtrieb

Unser Hund soll ein Schutzhund werden und nicht nur ein Beutejäger. Deshalb sprechen wir je nach Veranlagung und Alter auch den Wehrtrieb an.

Nachdem er vom Helfer genügend angereizt wurde, hat der Hund, der nach wie vor an der Hetzkette festgemacht ist, mit festem Griff den Hetzarm erfaßt und als Beute erobert. Jetzt ist der Zeitpunkt gekommen, wo der Helfer den Hund durch starkes Anreizen herausfordert. Er versetzt ihn in die Lage, sich der Person erwehren und gleichzeitig seine Beute verteidigen zu müssen. Der Hundeführer muß nun geschickt den Ärmel außer Reichweite des Hundes bringen und ihn dem Helfer wieder zuwerfen. Dieser hält nun den Hetzarm zunächst auf dem Rücken, reizt den Hund kräftig an und gibt ihm im geeigneten Moment blitzschnell die Möglichkeit des Anbisses, der ihn dann als Sieger aus diesem Duell hervorgehen läßt. Das Ganze wird wiederholt, zum Schluß der Übung ist der Helfer wieder im Besitz des Hetzarmes, reizt nochmals an, und in diesem Augenblick wird der Hund normal angeleint und gleichzeitig von der Hetzkette gelöst. Jetzt flüchtet der Scheintäter, und der Hundeführer läuft mit seinem Hund unter Anfeuerungsrufen noch einige Schritte hinterher. Der Hund hat das Erfolgserlebnis, daß der Bösewicht ohne Gegenwehr das Weite sucht.

In dieser Form wird eine Zeitlang gearbeitet, wobei niemals die Belastbarkeit des Hundes überschätzt werden darf. Im Alter von etwa einem Jahr wird der in der beschriebenen Weise aufgebaute Hund so weit sein, daß er auf die Angriffe des Helfers aggressiv und wehrhaft reagiert. Er

Die Schutzhundausbildung

Arbeit an der Hetzkette
1. Anhetzen

2. Anbiß

wird noch mehr aus sich herausgehen, wenn der Scheintäter während des Kampfes mit dem Stock drohende Bewegungen ausführt und ihn auf die stramme Hetzkette niedersausen läßt. Auch kann die Drohgebärde ohne Stock durch die Hand erfolgen, die nach Hin- und Herschwingen kurzzeitig auf den Kopf des Hundes gelegt wird, ohne ihm jedoch einen Schmerz zuzufügen. Das stärkt seine Selbstsicherheit. Auf keinen Fall darf er bei diesen Attacken schmerzhafte Erfahrungen machen.

Stellen und Verbellen

Da wir mit unserem Hund während der Zahnung keine Schutzdienstübungen machen können, nutzen wir die Zeit, ihm das Verbellen beizubringen. Wir bereiten zur gewohnten Zeit sein Futter, halten den angeleinten Welpen kurz vor dem Futternapf fest und animieren ihn mit »Voran« zum Lautgeben. Dieses Hörzeichen benutzen wir deshalb, weil es auch beim späteren Revieren Verwendung findet und für den Hund gleichzeitig eine Motivation zum Verbellen bedeutet. Da er nicht zu seinem Futter gelangen kann, wird der Welpe bald einen fiependen oder winselnden Laut von sich geben. Sofort danach darf er fressen. Diese Übung wiederholen wir jeden Tag, und irgendwann hat der Hund begriffen: durch Lautgeben kommt er zu seinem Ziel. Wichtig ist, daß wir anfangs die geringste Lautäußerung belohnen.

Bis zur Wiederaufnahme der Mannarbeit sind wir so weit, daß der Hund seinen Futternapf an der Leine freudig verbellt. Hier bekommt er als Belohnung sein Futter, später darf er nach Lautgeben beißen beziehungsweise Beute machen. Durch diese Vorübung erreichen wir ein lockeres Verbellen ohne Verkrampfung und Anspannung. Wir üben das Verbellen, bis es richtig sitzt, ausschließlich an der Hetzkette. Der Helfer baut sich unmittelbar außer Reichweite vor dem Hund auf, der an strammer Kette keine Möglichkeit zum Anbeißen hat. Der Hundeführer gibt das Verbellkommando »Voran«. Einem Hund, der die Vorübung gut beherrscht, wird die Verknüpfung nicht schwerfallen. Sobald er einen Laut von sich gibt, wird er sofort bestätigt, indem ihm der Hetzarm zum Anbiß geboten und nach kurzem Kampf als Beute überlassen wird.

Diese Übung darf nicht oft hintereinander wiederholt werden, da sich der Drang nach dem Helfer beziehungsweise der Beute abschwächen könnte. Wir behalten die Übung so lange bei, bis der Hund anhaltend und energisch bellt. Er lernt hierbei etwas sehr Wichtiges: ein stillstehender Helfer wird verbellt; sobald er sich jedoch bewegt, darf zugefaßt werden!

Während der nächsten Ausbildungsphase wird der Hund aus einiger Entfernung zum Stellen und Verbellen geschickt. Der Helfer steht wie bisher an dem Punkt, der für den Hund nicht mehr erreichbar ist. Der Hundeführer

Die Schutzhundausbildung

Verbellen an langer Leine

geht mit seinem Hund ungefähr 3 Meter zurück und schickt ihn mit Hörzeichen »Voran« zum Scheintäter. Beim ersten Mal wird er vielleicht durchzubrechen versuchen. Das nächste Mal ist er bereits vorsichtiger und wird vor dem Helfer etwas abbremsen, um dem Ruck der Kette zu entgehen.

Beherrscht der Hund die Übung einwandfrei und ohne unterstützende Hörzeichen, können wir dazu übergehen, das Stellen und Verbellen am Versteck zu üben. Wir benötigen dazu eine stabile Leine von etwa 10 Meter Länge, die sich nicht dehnen darf. Sie wird so befestigt, daß sie ebenfalls wie die Hetzkette den Hund daran hindert, den zunächst vor dem Versteck postierten Helfer fassen zu können. Da das Abbremsmanöver dem Hund bereits vertraut ist, können wir ihn auf diese Distanz unter Hörzeichen »Voran« zum Helfer schicken. Seinem Einfühlungsvermögen bleibt es überlassen, wann er dem Hund den Anbiß gibt. Das Verbellen muß im Laufe der Ausbildung immer länger und anhaltender geschehen. Später verdoppeln wir die Laufstrecke des Hundes genau wie an der Hetzkette, jetzt muß er also 20 Meter bis zum Versteck zurückle-

Freies Stellen und Verbellen

gen. Eine zweite Person sollte immer am Versteck stehen. Sie gehört dann zum gewohnten Bild, und der Hund läßt sich auf Prüfungen nicht vom anwesenden Leistungsrichter ablenken. Diese Übung muß über einen längeren Zeitraum perfekt und vollkommen sicher gezeigt werden. Erst dann stellt sich der Helfer in das Versteck. Der Hundeführer schickt aus der Grundstellung heraus seinen Hund zum Verbellen, während die lange Leine in entsprechender Distanz von einer Hilfsperson gehalten wird. Da wir nicht mehr standortgebunden sind, können wir nach einigen Übungsstunden dazu übergehen, die Verstecke zu wechseln.

Die vorausgehende Übung muß sicher beherrscht werden, wenn wir zum nächsten Abschnitt übergehen; darauf ist beim Verbellen ganz besonderer Wert zu legen. Sind wir sicher, daß der Hund beim Stellen nicht belästigt, schicken wir ihn mit schleifender Leine, ohne daß diese gehalten wird, ins Versteck. Wir haben so die Möglichkeit, jederzeit Fehlverhalten zu korrigieren.

Haben wir unserem Hund genügend Zeit gelassen zu der Verknüpfung, daß der stillstehende Scheintäter für ihn nicht erreichbar beziehungsweise unter allen Umständen zu verbellen ist, müßte jetzt der Erfolg unserer Arbeit sichtbar werden: sauberes Verbellen ohne Leinenhilfe.

Ablassen vom Helfer

Die Krönung unserer Ausbildung ist eine disziplinierte Schutzdienstarbeit. Wir müssen dem Hund begreiflich machen, daß er sich unserem Willen unterzuordnen hat und trotz höchster Erregung und Reizlage unserem Hörzeichen Folge leisten muß.

Wenn unser Hund nicht nur in den Hetzarm beißt, sondern diesen auch heftig schüttelt und uns somit die Ernsthaftigkeit seines Kampfes anzeigt, können wir dazu übergehen, das Ablassen zu üben. Ein erfahrener Helfer wird den Entwicklungsstand erkennen. Wir warnen allerdings davor, diese Übung zu früh einzubauen; der Hund darf keinesfalls verunsichert und seine Kampfmoral geschwächt werden. Man kann kein Alter zu Grunde legen, sondern muß hier je nach Kampfgeist und Wesensveranlagung vorangehen.

Der Hund trägt zwei Halsbänder, da-

Richtiges Bewachen nach dem Ablassen vom Helfer

Bouvier

Schutzdienst

von ist eines an der Hetzkette befestigt. Das zweite Halsband, das wir zur Verdeutlichung des »Aus«-Kommandos benötigen, muß ziemlich stramm und unmittelbar hinter dem Kopf sitzen, damit der Leinenruck für den Hund auch spürbar ist. Die daran befestigte Führleine haben wir in der Hand. Der Helfer kämpft unter heftigen Oberkörper- und Armbewegungen mit dem Hund. Nach Einstellung des Kampfes beziehungsweise Stillstand des Helfers warten wir einen kurzen Moment, danach folgt ein scharfes Hörzeichen »Aus« unter gleichzeitigem kräftigem Leinenruck in Richtung Helfer. Unmittelbar darauf erfolgt das Hörzeichen »Voran«. Der Hund soll kurz verbellen und gleich darauf wieder den belohnenden Anbiß bekommen.

Anbiß, Aus, Verbellen, das wiederholen wir einige Male. Es ist darauf zu achten, daß der Hund nicht zum vorzeitigen Ablassen erzogen wird, deshalb darf er den in die Stillstandposition gehenden Helfer ruhig noch bis zu unserem Kommando attackieren. Nach einigen Übungsstunden wird zu erkennen sein, daß das Kommando »Aus« verknüpft worden ist. Jetzt ist etwas ganz Wichtiges zu beachten: Dem Hund muß Gelegenheit gegeben

Abtasten und Entwaffnen des Scheintäters (Helfers)

werden, nach »Aus« selbständig abzulassen, das Hörzeichen wird jetzt also nicht mehr vom Leinenruck begleitet. Der Ruck mit der Leine dient nicht mehr zur Verdeutlichung des Kommandos, sondern ist die Strafe für einen eventuellen Ungehorsam unseres Hundes.

Revieren

Das Revieren, auch »Streifen nach dem Helfer« genannt, wird nach unserer Methode ein Hund nur korrekt erlernen, der dem Führer vollständig gehorcht und bis zu diesem Zeitpunkt stets mit äußerster Konsequenz ausgebildet wurde.

Der Hund soll nicht etwa den Scheintäter schnellstens aufspüren, er muß vielmehr systematisch nach Anweisung des Hundeführers die sechs Verstecke abstreifen. Diese Gehorsamkeitsübung endet mit dem Auffinden des Helfers mit dem begehrten Objekt Hetzarm. Die Kunst der Ausbildung besteht darin, dem Hund begreiflich zu machen, daß ihn nur einwandfreies zügiges Revieren schnellstens zu seinem Ziel bringt.

Der Hund kennt durch die Verbell-

Revieren

Schutzdienst

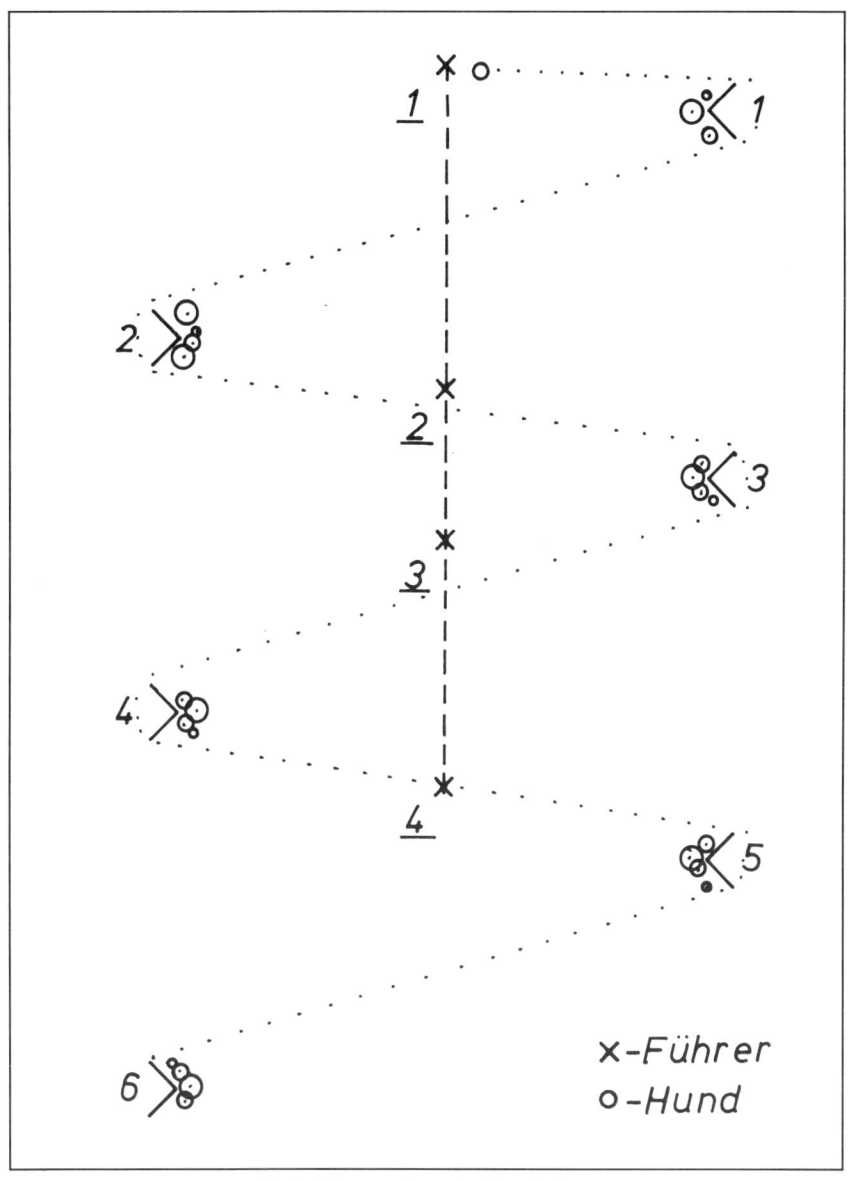

Revierübung mit sechs Verstecken

übung das Anlaufen eines Versteckes. Bei der Revierausbildung benutzen wir anfangs zwei gegenüberliegende Verstecke. Der Helfer steht für den Hund sichtbar vor einem der beiden Verstecke. Das hat folgenden Grund: wir zwingen den Hund von Anfang an trotz Sichtkontakt zum Helfer in die entgegengesetzte Richtung. Er lernt also von vornherein, daß er unsere Anweisung befolgen muß und nicht seiner Neigung folgen darf. Wir üben anfangs grundsätzlich mit einer schleifenden 10-Meter-Leine, die allerdings keine Endschlaufe haben darf, damit sie sich nicht im Strauchwerk verfangen kann. Mit unserem Hund nehmen wir etwa 7 Meter vor dem leeren Versteck Aufstellung und richten ihn darauf aus, das heißt, wir stehen in Grundstellung in Richtung Versteck. Wir zeigen mit dem rechten ausgestreckten Arm dorthin und versuchen den Hund mit Hörzeichen »Voran« zu zwingen, dieses Versteck zu umlaufen, unterstützen ihn gegebenenfalls, indem wir bis kurz davor mitlaufen. Sobald der Hund hinter dem Versteck ist, heißt es »So ist brav«. Wir wechseln gleichzeitig unseren Standort, damit er nicht zurückläuft und uns auf der anderen Seite sofort wieder im Blickfeld hat. Jetzt laufen wir ein paar Schritte rückwärts und ziehen den Hund mit Kommando »Hier« auf uns, schicken ihn dann sofort mit erneutem Hörzeichen »Voran« zum Helfer. Hier muß er verbellen, während der Hundeführer in die unmittelbare Nähe des Geschehens aufrückt und stehenbleibt. Erst jetzt bietet der Scheintäter den Arm zum Anbiß an. Wir wollen damit die leichte Unsicherheitsphase des Hundes stabilisieren und der unerwünschten Verknüpfung vorbeugen, daß der Hund als Signal für das Beißen das Herankommen des Führers ansieht.
Diese Übung kann an einem Tag zwei- bis dreimal wiederholt werden. Schon nach kurzer Zeit wird der Hund das Leerversteck ohne zu zögern mit Volldampf umlaufen. Jetzt lassen wir den Helfer vor Versteck Nummer drei Aufstellung nehmen. Der Hund muß die beiden ersten Verstecke anrevieren, bei dem dritten Anlauf den Scheintäter verbellen und bekommt einen kurzen Anbiß. Dann geben wir Hörzeichen »Aus, Voran«, lassen ihn noch einen Augenblick bellen, treten neben den Hund und nehmen ihn mit Kommando »Fuß« aus dieser Übung, das heißt, wir entfernen uns vom Versteck, und dieser Übungsteil ist dann beendet.
Ausbrechen aus der angezeigten Richtung können wir mit Hilfe der langen Leine bestrafen.
Wir erweitern nun die Revierübung, bis wir alle sechs Verstecke einbezogen haben. Jedoch darf der Hund keineswegs müde und lustlos werden. Deshalb stellen wir den Helfer zwischendurch ab und zu in ein Versteck, das wir dem Hund bereits beim zweiten Seitenschlag anzeigen. Diese Zwischenübung wird ihn in Spannung halten und ihn veranlassen, jederzeit drangvoll zu revieren, da er nie weiß, wo ihn sein Erfolgserlebnis erwartet.

Transport des Helfers

Ein anderer sehr wichtiger Bestandteil der Schutzdienstarbeit auf Unterordnungsbasis ist der sogenannte Transport des Helfers. Der Hund muß lernen, hinter sowie neben dem Scheintäter bei Fuß zu gehen, also den Rücken- und Seitentransport auszuführen. Der Helfer steht ruhig und aggressionsfrei mitten auf dem Übungsplatz. Der angeleinte Hund hat ihn zu ignorieren beziehungsweise muß trotz der für ihn durch die Anwesenheit des Scheintäters bestehenden Reizlage bei Fuß gehen.

Nach einigen Übungsstunden weiß der Hund, daß er sich unterzuordnen hat und vom Helfer in dieser Situation keine Gefahr ausgeht. Jetzt bauen wir die Übung weiter aus und führen den Seitentransport durch, indem wir mit dem Hund rechts neben den Scheintäter treten und ihn absitzen lassen. Nach kurzer Pause heißt es »Kommen Sie mit« und »Fuß«. Wir gehen etwa 30 Schritt und halten dann an.

Etwas schwieriger wird es beim Rückentransport, wenn der Hund korrekt bei Fuß gehen soll, während der Helfer vorausgeht. Wir nehmen etwa 5 Schritt hinter dem stehenden Schein-

Seitentransport

Die Schutzhundausbildung

Rückentransport

täter Aufstellung, rufen ihm zu »Gehen Sie vor« und marschieren hinter ihm her. Nach 40 bis 50 Schritten schließen wir auf und halten dann nach kurzem Seitentransport an. Von Anfang an muß auf korrekte Fußarbeit geachtet werden. Der Helfer soll in den folgenden Übungsstunden auch Rechts- oder Linkswinkel gehen. Hierbei wird der Hund anfangs vorprellen, was wir energisch korrigieren müssen.

Wir empfehlen, den Transport von der Hetzarbeit völlig abzukoppeln und separat zu üben, bis ihn der Hund korrekt ausführt. Beginnen wir diese Übung in der angespannten Reizlage während des Schutzdienstes, müssen wir weitaus mehr schmerzhafte Korrekturen anbringen.

Verfolgung des fliehenden Helfers

Wenn unser Hund an der Hetzkette nicht mehr steigerungsfähig ist und seine kämpferische Veranlagung voll entfaltet hat, üben wir das Verfolgen und Einholen des fliehenden Helfers. Dieser reizt den Hund, den wir an der

Festes Zufassen nach Einholen des fliehenden Helfers

Der fliehende Helfer dreht sich zum Hund um, und droht ihm. Der Hund muß trotzdem fest zufassen.

kurzen Führleine halten, kräftig an und läuft davon. Hat er sich etwa 10 Schritte entfernt, lassen wir den Hund unter anfeuernden Rufen los. Der Hetzarm wird in Laufrichtung fast waagerecht ausgestreckt gehalten, der Hund soll ihn mit festem Biß herunterziehen. Der Hundeführer geht hinterher und unterstützt seinen Hund bei dem anschließenden kurzen Kampf, der durch Überlassen der Beute oder je nach Ausbildungsstand durch »Aus« beendet wird.

Die Entfernung des fliehenden Helfers zum Hund wird langsam gesteigert. Später wird die Körperdrehung des Scheintäters zum Hund eingebaut, er muß jetzt lernen, den Hetzarm auch in dieser Lage fest zu fassen.

Dem mutigen, hart zugreifenden Hund können wir dann den letzten Übungsabschnitt zumuten: Der Helfer flieht etwa 50 Schritt, dreht sich zum ihn verfolgenden Hund um und läuft diesem unter drohenden Bewegungen und Vertreibungslauten entgegen.

Hier müssen wir wieder der Erfahrung des Helfers vertrauen, der den Hund geschickt abfangen muß, damit dieser weder beim Aufprall noch beim zu starken Herumschleudern nach dem Anbiß Schaden erleidet.

Macht ein Hund beim unsachgemäßen Abfangen schmerzhafte Erfahrungen, wird er den Anbiß immer sehr verhalten zeigen und zum Abbremsmanöver neigen. Es ist dann sehr schwer, aus diesem Hund wieder einen mutigen und schneidigen Angreifer zu machen.

Überfall aus dem Versteck

Diese Übung ist ein Bestandteil der Schutzhund-I-Prüfung. Der Helfer unternimmt einen Angriff auf den Hundeführer, der mit seinem freifolgenden Hund dicht am Versteck vorbeigeht.

Es empfiehlt sich, den Helfer anfangs für den Hund erkennbar aufzustellen, etwa zwischen Büschen am Rande des Übungsplatzes oder, wenn kein Gebüsch vorhanden ist, vor einem Versteck. Wir haben unseren Hund an der 10 Meter langen Leine kurz gefaßt, geben das Hörzeichen »Fuß«, marschieren am Helfer vorbei und zwingen ihn von Anfang an zu korrekter Fußarbeit. Das gleiche wiederholen wir nach einer Kehrtwendung. Kommen wir ein drittes Mal am Helfer vorbei, unternimmt dieser den Überfall.

Überfall aus dem Versteck.
1. Der Helfer unternimmt einen Überfall.

Schutzdienst

2. Der Hund greift an und beißt zu.

Jetzt geben wir sofort die Leine frei. Der Hund soll schneidig angreifen, und wir unterstützen den Kampf anfangs in jeder Weise.

Nach einigen Übungsstunden hat der Hund begriffen, um was es geht, und jetzt stellt sich der Figurant nicht sichtbar am oder hinter dem Versteck auf. Jetzt ist der Spannungsmoment größer, und der Hund wird vorprellen, um den Helfer ausfindig zu machen. Hier gilt es, ihn immer ganz konsequent bei Fuß zu halten, ihn jedoch keinesfalls durch zu harten Wortlaut einzuschüchtern, so daß sein Kampfeseifer darunter leidet.

Die beiden obligatorischen Prüfungsschläge werden nur angedeutet. Nach dem Kampf erfolgt nach einigen Sekunden das Hörzeichen »Aus«, das der Hund bereits von der Arbeit an der Hetzkette kennt. Da wir mit langer Leine arbeiten, können wir bei Ungehorsam einwirken. Der Leinenruck muß immer in Richtung Helfer erfolgen. Dieser sollte so arbeiten, daß die Leine zwischen seinen Beinen hindurch verläuft und sich so dem Hundeführer die Möglichkeit bietet, den Hund zu strafen, wenn er nicht abläßt.

Hat der Hund ausgelassen und anhaltend gebellt, erhält er nochmals einen Anbiß. Auf diese Weise soll eine helferbezogene Aufmerksamkeit erreicht werden.

Die Schutzhundausbildung

Fluchtverhinderung

Diese Leistung wird dem Hund erst bei der Schutzhund-II- beziehungsweise Schutzhund-III-Prüfung abverlangt. Sie setzt eine bereits gute Grifftechnik voraus. Der etwa vier Schritt vom stehenden Helfer entfernt abgelegte Hund soll diesen durch festen Anbiß am unternommenen Fluchtversuch hindern. Er soll nicht nur neben ihm hertrippeln, sondern sein ganzes Körpergewicht entgegen der Fluchtrichtung einsetzen. Auch hier üben wir mit langer Leine.
Der Fluchtweg beträgt ungefähr 15 Schritt. Anfangs wird der Hetzarm beim Laufen ruhig gehalten, um den Hund eine optimale Anbißmöglichkeit zu bieten. Auch ist Hochhalten wichtig, damit er zum Herunterziehen gezwungen wird. Nach dem Anbiß läuft der Helfer zunächst langsamer und senkt den Beißarm so weit ab, daß der Hund auf allen vier Beinen laufen kann. Auf diese Weise kann er sich besser gegenstemmen. Der Helfer gibt dem Griff des Hundes nach und versucht dann auch wieder den Arm nach vorn zu ziehen. Wir laufen anfangs mit und unterstützen den Hund durch ein aufmunterndes »So ist brav«

Fluchtverhinderung.
1. Der Hund setzt dem fliehenden Helfer nach.

und herzhaftes Klopfen auf die Flanken, das ist der Bereich hinter den Rippen unterhalb der Lendenwirbelsäule. Er muß lernen, diese Übung kämpferisch zu absolvieren.

Auch bei der Flucht sollte ab und zu mit einem Rechtsarm gearbeitet werden, da hierbei dem Hund eine andere Grifftechnik abverlangt wird. Hin und wieder halten wir ihn auch an der langen Leine etwas zurück, was seinen Einsatz steigern wird. Bewährt hat es sich auch, wenn der Helfer am Gebüsch entlang flüchtet und die Zweige den Hund tangieren. Auch hierdurch steigert sich sein Kampfeswille.

2. Er verhindert die weitere Flucht durch festes Zufassen.

Stockschläge

Der Scheintäter führt einen Stock mit sich, mit dem er bei bestimmten Kampfhandlungen dem Hund laut Prüfungsordnung einige Schläge zu verabreichen hat.

Sobald der Hund am Hetzarm arbeitet, wird er ständig mit dem Stock konfrontiert, jedoch nur insoweit, als der Helfer damit drohende Bewegungen ausführt. Er soll ihn kennen, aber nicht fürchten lernen, das ist ein ganz wichtiger Aspekt in der Schutzdienstausbildung. Obwohl den Hund bei der Prüfung zwei beziehungsweise bei der Schutzhund-III-Prüfung vier gezielte Schläge möglichst unmittelbar hinter dem Widerrist treffen sollen, wird während der Übungsstunden zumindest bei einem jungen Hund darauf verzichtet, oder aber sie werden nur angedeutet.

Die Parole »hau mal drauf, damit er wach wird« gehört glücklicherweise der Vergangenheit an. Mancher gut veranlagte Hund wurde früher durch ständige Schläge dazu veranlaßt, diesen auszuweichen. Zeigt sich ein Hund durch den Stock beeindruckt, so ist das die Folge unsachgemäßer Ausbildung. Zum Beispiel wird es hin und wieder noch praktiziert, den schwer oder gar nicht ablassenden Hund durch den Helfer vom Arm abschlagen zu lassen. Wir aber wollen keinesfalls beim Hund die Verknüpfung auslösen, daß der Stock weh tut.

Sachgemäß ausgebildete Hunde nehmen die Prüfungsschläge ohne Scheu

und Kampfverzögerung hin, zumal heute auch bei Veranstaltungen nicht mehr blindlings drauflosgeprügelt wird.
Bei fortgeschrittener Ausbildung kann übungsgemäß ruhig mal ein Schlag angebracht werden, man sollte dies mit dem Helfer absprechen.

Herausrufen des Hundes aus dem Versteck

Bei den Prüfungsstufen II und III wird der Hund mit dem Hörzeichen »Hier, Fuß« auf einer Entfernung von etwa 5 Schritt vom Helfer abgerufen, nachdem er diesen gestellt und verbellt hat. Die Aufstellung des Hundeführers und der Abruf des Hundes erfolgen auf Anweisung des Leistungsrichters.
Bei dieser Übung kann es leicht geschehen, daß der Hund vorzeitig den Helfer verläßt, da er den Übungsablauf kennt und beschleunigen will, um so schnell wie möglich zum Beißen zu kommen.
Zunächst holen wir den Hund ab, indem wir neben ihn treten, ihn noch einen Moment bellen lassen und dann mit ihm unter Hörzeichen »Fuß« das Versteck verlassen. Später üben wir ab und zu das Herausrufen, um sicher zu gehen, daß das Kommando auch befolgt wird.
Dann wird nur noch selten abgerufen, die Übung jedoch ständig variiert, um einem Entgegenkommen des Hundes vorzubeugen. Wir bleiben nach einer immer unterschiedlichen Verbelldauer etwa 5 Schritt vor dem Versteck stehen, gehen zum Hund, lassen ihn noch einen Augenblick verbellen und dann kurz anbeißen. Der Kampf muß unter allen Umständen im Versteck stattfinden. Nach dem Ablassen entfernt sich der Hundeführer noch einmal die 5 Schritt und nimmt den Hund erst beim zweiten Mal mit aus dem Versteck beziehungsweise ruft ihn hin und wieder einmal ab.
Wir erreichen damit eine stärkere Helferbezogenheit und ein anhaltendes Bellen, weil der Hund unmittelbar nach der Verbellphase einen Angriff erwartet.
Ist der Hund unaufmerksam und schaut zum Führer, darf ihm auf keinen Fall der Hetzarm angeboten werden. Das kann zu einer unerwünschten Verknüpfung führen. Wenn so geübt wird, gewöhnen sich manche Hunde das Wegschauen an, um auf diese Weise zum Beißen zu kommen. Nur der anhaltend verbellende Hund bekommt den belohnenden Anbiß.

Ratschläge vor der ersten Prüfung

Allgemeines

Wir nehmen einmal an, in sechs Wochen führt unser Verein eine Schutzhundeprüfung durch, und wir sind sicher, daß unser Hund prüfungsreif ist und teilnehmen kann. Er muß so weit sein, daß er die Übungen aller Disziplinen ohne wesentliche Hilfegebung ausführt. Wir neigen dazu, den Hund durch Händeklatschen oder aufmunternde Worte zu unterstützen. Meist geschieht das unbewußt und ist oft gar nicht nötig. Wir müssen uns rechtzeitig vor der Prüfung dazu zwingen, die Hilfen abzubauen beziehungsweise auf ein notwendiges Minimum zu reduzieren, damit sich der Hund am Prüfungstag nicht vor zusätzliche Probleme gestellt sieht, da ihm die gewohnte Aufmunterung fehlt. Der Leistungsrichter wertet nicht nur die Arbeit des Hundes, sondern bestraft auch Fehlverhalten des Hundeführers mit Punktabzug.

Es ist selbstverständlich, daß wir dem Hund vor jeder Disziplin Gelegenheit geben, sich gründlich zu säubern, wir »lassen ihn auslaufen«, wie es in der Hundeführersprache heißt.

Vor Beginn einer Prüfung führt der Leistungsrichter eine Tätowiernummernkontrolle durch. Tätowiert werden die Welpen von Schäferhunden und einigen anderen Rassen im Alter von acht Wochen, das heißt, ihnen wird mit einer Zange eine Nummer ins rechte Ohr gedrückt, mit deren Hilfe jederzeit die Identität des Hundes festgestellt werden kann. Bei einem wesensfesten Hund ergeben sich bei dieser Kontrolle keine Probleme, trotzdem sollten wir diese kleine Übung in unsere Prüfungsvorbereitungen mit einbeziehen.

Betrifft Fährtenarbeit

Wir sollten mindestens einmal wöchentlich mit Vereinskameraden beziehungsweise Prüfungsteilnehmern zum Suchen gehen. Der Hund soll sich an die Einflüsse und Ablenkungen gewöhnen, denen er am Prüfungstag gleichermaßen ausgesetzt ist.

Mit bei Fuß sitzendem Hund üben wir auch jedesmal das Anmelden, das auf der Prüfung beim Leistungsrichter zu erfolgen hat: Name des Hundes, Name des Führers, »melden sich zur Fährtenarbeit Schutzhund I, der Hund verweist«.

Ebenso melden wir korrekt die Beendigung der Fährtenarbeit mit »Suche beendet«, »zwei Gegenstände gefunden«. Diese sind dabei vorzuzeigen. Der Hund darf bei der Prüfung nach dem Verweisen des letzten Gegenstandes nur gelobt, nicht aber mit Futterbrocken oder Bällchen belohnt und auch nicht von der langen Leine abgekoppelt werden, bevor nicht die Abmeldung erfolgte.

Wir sollten wissen: ein Winkel setzt sich aus dem rechtwinkligen Zusammentreffen zweier Geraden zusammen. Wir üben prüfungsgerecht, indem wir die Winkel jetzt nicht mehr im Bogen, sondern exakt rechtwinklig legen. Um kein Risiko einzugehen, benutzen wir jetzt immer die beiden Gegenstände, die wir auch auf der Prüfung verwenden wollen. Wir achten darauf, daß die vorgeschriebene Zeit eingehalten wird, das heißt, wir suchen die Fährte nach etwa 20 Minuten ab.

Betrifft Unterordnung

Auf der Prüfung melden sich je zwei Hundeführer mit Hund beim Leistungsrichter. Auch diese Übung beziehen wir in unser Training mit ein. Bei folgenden Übungen ist die Anweisung des Leistungsrichters zu beachten: zunächst der Anfang der Gehorsamsübungen (Hund und Hundeführer befinden sich in Grundstellung), dann das Abholen aus dem »Sitz«, das Abrufen aus dem »Platz« und das Losgehen zum »Voraus«.

Man behält auf der Prüfung den Leistungsrichter im Auge, um für die Anweisungen empfangsbereit zu sein, die durch Zuruf, aber auch durch Handzeichen oder Kopfnicken erteilt werden. Zwei Schüsse werden bei der Freifolge nach dem ersten Winkel abgegeben.

Wir setzen voraus, daß sich der Hundeführer mit den in der Prüfungsordnung angegebenen Schrittzahlen befaßt hat. Es ist unerläßlich, während sämtlicher Laufübungen die Schritte zu zählen. Nur so wird Punktabzug durch Nichteinhalten der Mindestschrittzahl vermieden. Bei den Übungen »Sitz« und »Platz« empfiehlt es sich, von vornherein aus der Grundstellung immer 12 Schritte zu gehen, bis das Hörzeichen gegeben wird. Fehler korrigieren wir ruhig und sachlich. Auf keinen Fall darf der Hund so kurz vor dem Ziel durch zu harte oder gar unbeherrschte Strafe verprellt werden. Auch sollte bei jeder Unterordnungsübung das Schießen und die Gruppe nicht fehlen.

Betrifft Schutzdienst

Nach Möglichkeit arbeiten wir vor der Prüfung nur mit dem Helfer, der auch bei der Prüfung eingesetzt wird. Das gibt dem jungen Hund eine gewisse Sicherheit und garantiert uns ein erfolgreiches Bestehen. Wir vermeiden kurz vor der Prüfung alles, was den Hund verunsichern könnte. Ein erfahrener Helfer weiß das und wird sich entsprechend verhalten beziehungsweise Anweisung geben.

Register

A
Ahnentafel 10
Airedaleterrier 67
Apportierholz 10, 59, 61
Aujeszkysche Krankheit 19

B
Bauchspeicheldrüse 19
Bauchspeicheldrüsenschwäche 19
Bouvier 87
Boxer 27

D
Dobermann 47
Doghec 22

F
Fährte 29, 39
Fährtenform 39
Figurant 75

G
Gegenstand 34
Grundstellung 52

H
Halsband 10
Hetzkette 76, 82
Hetzsack 79
Hovawart 77
Hundehütte 13

J
Junghundärmel 81

K
Knautschen 62
Koffergriff 72
Kruppe 60

L
Leistungsrichter 101
Linkskehrtwendung 45, 46

M
Magendrehung 19

N
Nasentier 24

O
Ohrenerkrankung 19

P
Parvovirose 10
Prostatavergrößerung 19

R
Rechtskehrtwendung 46
Riesenschnauzer 57
Rottweiler 37
Rückentransport 94

S

Schäferhund 17
Scheintäter 75
Schenkel 32
Schutzhund-I-Fährte 39
Schutzhund-II-Fährte 39
Schutzhund-III-Fährte 39
Seitentransport 93
Sichtfährte 32
Suchleine 32

T

Tätowieren 101

V

Versteck 91, 92, 96
Verweisen 34

W

Wechselgelände 33
Widerrist 33

Z

Zahnwechsel 30, 76
Zwingerhusten 20

NÜTZLICHE RATGEBER
EINE AUSWAHL
Stand: Frühjahr 1994

Hobby und Freizeit

Falken-Handbuch
Zeichnen und Malen
(**4167**-5) Von B. Bagnall, 336 S., 1154 Farbzeichnungen, Pappband. ●●●●●

Kreativ Zeichnen
(**4688**-X) Von B. Bagnall, 176 S., zahlr. Farbabb., Pappband. ●●●●

Punkt, Punkt, Komma, Strich
Zeichnen leicht gemacht
(**4721**-5) Von H. Witzig, 144 S., 512 s/w-Zeichnungen, Pappband. ●●

Punkt, Punkt, Komma, Strich
Zeichenstunde für Kinder
(**0564**-4) Von H. Witzig, 144 S., über 250 Zeichnungen, kart. ●

Einmal grad und einmal krumm
Zeichenstunde für Kinder
(**0599**-7) Von H. Witzig, 144 S., 363 Abb., kartoniert. ●

Figürliches Zeichnen
leicht gemacht
(**1010**-9) Von H. Witzig, 112 S., 462 Figuren, kartoniert. ●

Airbrush
Kreatives Gestalten mit dem Luftpinsel
(**1133**-4) Von C. M. Mette, 80 S., 145 Farbfotos, 40 Farbzeichnungen, kartoniert. ●●

Kalligraphie
Die Kunst des schönen Schreibens
(**4263**-9) Von C. Hartmann, 120 S., 44 Farbvorlagen, 29 s/w-Vorlagen, 2 s/w-Zeichnungen, 28 Farbfotos, Pappband. ●●●●

Gestalten mit Schrift
Kalligraphie
(**1044**-3) Von I. Schade, 80 S., 2 Farb- und 1 s/w-Foto, 143 Farbzeichnungen, kart. ●●

Hobby Aquarellmalen
Landschaft und Stilleben
(**0876**-7) Von I. Schade, A. Brück, 80 S., 111 Farbabb., kart. ●

Technik · Gestaltung · Ausdruck
Aquarellmalerei
Von der Realität zum Bild
(**4529**-8) Von Prof. W. Wrisch, 136 Seiten, 172 farb. Abbildungen, 5 s/w-Abbildungen, 46 Zeichnungen, Pappband. ●●●●

Hobby Ölmalerei
Landschaft und Stilleben
(**0875**-9) Von H. Kämper, I. Becker, 80 S., 93 Farbabb., kart. ●●

FALKEN
Lexikon der Seidenmalerei
Mit großer Farbmischtabelle
(**4737**-1) Von K. Huber, 208 S., 192 Farbabbildungen, Pappband. ●●●●

Seidenmalerei in Vollendung
(**4414**-3) Hrsg. von R. Smend, 160 S., 227 Farbfotos, 36 s/w-Fotos, geprägter Leineneinband mit Schutzumschlag, im Schuber. ●●●●●

Seidenmalerei
Westen · Blusen · Hosen
(**1455**-4) Von C. Köhl, ca. 64 Seiten, durchgehend vierfarbig, zahlreiche Abbildungen, mit Vorlagebogen, kartoniert. ●●

Seidenmalerei und Modedesign
Modelle · Techniken · Schnittmuster
(**4476**-3) Von B. Hansen, 176 S., 140 Farbf.93 Farb-, 68 s/w-Zeichn., Pappband. ●●●●

Seidenmalerei Exklusive Tücher
(**1303**-5) Von E. Schwinge, 80 S., 79 Farbfotos, 6 Zeichnungen, kart. ●●

Kreative Seidenmalerei
Motive · Muster · Farbenspiel
(**4720**-7) Von M. Neubacher-Fesser, ca. 136 S., zahlr. Farbabb., Pappband. ●●●●

Seidenmalerei
Muster über Muster
20 Künstlerinnen präsentieren 120 Ideen
(**4744**-4) 128 S., 188 Farbabbildungen, Pappband. ●●●●

Seidenmalerei
Die wichtigsten Techniken Schritt für Schritt
(**1357**-4) Von B. Hansen, 64 S., 97 Farbfotos, kartoniert. ●●

Seidenmalerei als Kunst und Hobby
(**4264**-7) Von S. Hahn, 136 S., 256 Farbfotos, 1 s/w-Foto, Pappband. ●●●●

Neue zauberhafte Seidenmalerei
Motive und Anregungen aus der Natur
(**0924**-0) Von R. Henge, 80 S., 148 Farbfotos, 27 s/w-Zeichnungen, kart. ●●

Krawatten, Tücher und Fliegen individuell gestalten
Seidenmalerei
(**1242**-X) Von A. Reichmann, 64 S., durchgehend vierfarbig, kart. ●●

Aquarellieren auf Seide
Materialien · Techniken · Motive
(**0917**-8) Von I. Demharter, 32 S., 41 Farbfotos, Pappband. ●

Airbrush auf Seide
(**1342**-6) Von I. Demharter, 64 S., zahlreiche Farbabbildungen, kart. ●●

Airbrush Seidenmalerei
Mit Vorlagen für Schablonen
(**1356**-6) Von C. M. Mette, 80 S., 129 Farbf., kartoniert. ●●

Seidenmalerei Bäume und Blätter
(**5249**-9) Von D. Kosik, 32 S., 5 Farbfotos, 23 Farb- u. 13 s/w-Zeichnungen, kart. ●

Seidenmalerei Landschaften
(**5153**-0) Von D. Kosik, 32 S., 50 Farbfotos, 12 Zeichnungen, mit Vorlagebogen in Originalgröße, kart. ●

Seidenmalerei Kissen
(**5151**-4) Von I. Demharter, 32 S., 42 Farbfotos, 2 Zeichnungen, mit Vorlagebogen in Originalgröße, kart. ●

Seidenmalerei Blusen und T-Shirts
(**5184**-0) Von A. Keller, 32 S., 28 Farbfotos, 12 Zeichnungen, mit Vorlagebogen in Originalgröße, kartoniert. ●

Seidenmalerei Tücher und Schals
(**5152**-2) Von R. Henge, 32 S., 36 Farbfotos, 1 Zeichnungen, mit Vorlagebogen in Originalgröße, kart. ●

Seidenmalerei Tiermotive
(**5204**-9) Von A. Keller, 32 S., 37 Farbfotos, mit Vorlagebogen in Originalgröße, kart. ●

Serti Designo
Seidenmalerei mit Kreidestiften
(**5208**-1) Von S. Tichy-Gibley, 32 S., 46 Farbfotos, mit Vorlagebogen in Originalgröße, kart. ●

Seidenmalerei Lampenschirme
(**5154**-9) Von I. Walter-Ammon, 32 S., 47 Farbfotos, 1 Zeichnung, mit Vorlagebogen in Originalgröße, kart. ●

Seidenmalerei Blüten, Blätter, Ranken
(**5165**-4) Von D. Kosik, 32 S., 35 Farbfotos, 4 Zeichnungen, mit Vorlagebogen in Originalgröße, kart. ●

Seidenmalerei Schmuckkarten und Miniaturbilder
(**5166**-2) Von I. Walter-Ammon, 32 S., 37 Farbfotos, 2 Zeichnungen, mit Vorlagebogen in Originalgröße, kart. ●

Akzente mit Perlen, Pailletten und Straß
Seidenmalerei
(**5248**-0) Von A. Keller, 32 S., ca. 50 Farbf., mit Vorlagebogen in Originalgröße, kart. ●

Seidenmalerei Bilder in Konturentechnik
(**5182**-4) Von I. Demharter, 32 S., 28 Farbfotos, 2 Zeichnungen, mit Vorlagebogen in Originalgröße, kart. ●

Seidenmalerei Applikationen
(**5224**-3) Von J. Bressau, 32 S., 50 Farbfotos, mit Vorlagebogen in Originalgröße, kart. ●

Apartes aus bemalter Seide
(**5274**-X) Von E. Möller, 48 Seiten, durchgehend vierfarbig, kartoniert. ●

Malen auf Seide
kinderleicht
(**5218**-9) Von R. Henge, 32 S., 11 Farbfotos, 44 Farbzeichn., Vorlagebogen, kartoniert. ●

Moderne Stoffmalerei
(**1358**-2) Von H. Sander, 64 S., 73 Farbf., 50 s/w-Zeichn., kart. ●●

Perfekt Stricken
Mit Sonderteil Häkeln.
(**4250**-7) Von H. Jaacks, 256 S., 703 Farbfotos, 169 Farb- und 121 s/w-Zeichnungen, Pappband. ●●●●

Das moderne Standardwerk
Nähen
(**4709**-6) Von S. von Rudzinski, 176 S., vierfarbig, Pappband. ●●●●

Stoffpuppen
nach alten Vorbildern
(**5281**-2) Von M. Meinesz, 48 S., durchgehend vierfarbig, mit Vorlagebogen, kart. ●

Heißgeliebte Teddys
Selbermachen · Sammeln · Restaurieren
(**0900**-3) Von H. Nadolny und Y. Thalheim, 80 Seiten, 118 Farbfotos, kartoniert. ●●●

Die hier vorgestellten Bücher, Videokassetten und Software sind in folgende Preisgruppen unterteilt:
● Preisgruppe bis DM 10,–/S 79,–/SFr 11,– ●●● Preisgruppe über DM 20,– bis DM 30,– ●●●● Preisgruppe über DM 30,– bis DM 50,–
●● Preisgruppe über DM 10,– bis DM 20,– S 161,– bis S 240,– S 241,– bis S 400,–
S 80,– bis S 160,– SFr 21,– bis SFr 30,– SFr 10,– bis SFr 21,– ●●●●● Preisgruppe über DM 50,–/S 401,–/SFr 50,– *(unverbindliche Preisempfehlung)

Die Preise entsprechen dem Status beim Druck dieses Verzeichnisses (s. Seite 1) – Änderungen, im besonderen der Preise, vorbehalten –

Falken-Verlag GmbH · Postfach 1120  D-65521 Niedernhausen/Ts. · Tel.: 0 61 27 / 70 20

Marionetten
selbst bauen und führen
(**1043**-5) Von D. Köhnen, 80 S., 150 Farbfotos, mit Schnittmusterbogen, kartoniert. ●●

Hampelmänner
Basteln mit Kindern ab 5 Jahren
(**5240**-5) Von F. Michalski, 32 S., ca. 50 Farbabb., mit Vorlagebg. in Originalgröße, kart. ●

Künstlerpuppen
im 20. Jahrhundert
(**4719**-3) Hrsg. R. Höckh, 160 S., 192 Farbfotos, 26 s/w-Fotos, Pappband. ●●●●●

Charakterpuppen
aus Cernit und Porzellan selbst gestalten
(**1156**-3) Von S. Becker, 64 S., 143 Farbfotos, 30 Zeichnungen, 13 Vignetten, mit Schnittmusterbogen, kartoniert. ●●

Puppen zum Liebhaben
(**5199**-9) Von B. Wehrle, 32 S., 27 Farbfotos, 9 s/w-Zeichnungen, mit Vorlagebogen in Originalgröße, kartoniert. ●

Basteln mit Kindern
Moosgummi
(**5271**-5) Von A. und R. Schurr, 48 S., durchgehend vierfarbig, mit Vorlagebogen, kart. ●

Neue zauberhafte Salzteig-Ideen
(**0719**-9) Von I. Kiskalt, 80 S., 324 Farbfotos, 12 Zeichnungen, Schablonen, kart. ●

Salzteig kinderleicht
(**0973**-9) Von I. Kiskalt, 80 S., 224 Farbfotos, 8 Zeichnungen, kartoniert. ●●

Hobby Salzteig
(**0662**-4) Von I. Kiskalt, 80 S., 150 Farbfotos, 5 Zeichnungen und Schablonen, kart. ●●

Kreatives gestalten mit Ton
Töpfern ohne Scheibe – Aufbaukeramik
(**0896**-1) Von A. Riedinger, 80 S., 207 Farbfotos, 16 Zeichnungen, 7 Vignetten, kart. ●●

Kreatives Gestalten mit Ton
Töpfern auf der Scheibe
(**0971**-2) Von A. Riedinger, 80 S., 28 Farb- und 3 s/w-Zeichnungen, 178 Farbf., kart. ●●

Kneten und Modellieren
kinderleicht
(**5217**-0) Von V. Ettelt, 32 S., 12 Farbtafeln, 72 Farbzeichnungen, Vorlagebogen, kart. ●

Hobby Glaskunst in Tiffany-Technik
(**0781**-7) Von N. Köppel, 80 S., 194 Farbfotos, 6 s/w-Abbildungen, kartoniert. ●●

Tiffany-Technik
und andere kunstvolle Arbeiten in Glas
(**0972**-0) Von D. Köhnen, 80 S., 176 Farbfotos, 5 s/w-Zeichnungen, kartoniert. ●●

Ikebana
Grundstile und Variationen
(**4749**-5) Von E. Schwalm, 112 Seiten, ca. 165 Farbfotos, 43 Grafiken, 2 Tabellen, gebunden. ●●●●

Dekorieren und Gestalten mit Naturmaterialien
rund ums Jahr
(**4748**-7) Von E. Dommershausen u.a., 128 S., ca. 200 Farbf. und -zeichnungen, geb. ●●●

Masken
phantasievoll dekorieren
(**5155**-7) Von Chr. Familler, 32 S., 48 Farbf., mit Vorlagebg. in Originalgröße, kart. ●

Laubsägearbeiten für das Kinderzimmer
(**5245**-6) Von H.-P. Krafft, 32 S., ca. 50 Farbf., mit Vorlagebg. in Originalgröße, kart. ●

Schwingtiere aus Holz gestalten
(**5222**-7) Von der Arbeitsgem. Werken, 32 S., 50 Farbfotos, mit Vorlagebogen in Originalgröße, kartoniert. ●

FALKEN Video
Drachen
bauen und fliegen
(**6141**-2) VHS, ca. 45 Min., in Farbe, mit Broschüre. ●●●●*

Drachen
bauen und steigen lassen.
(**0767**-1) Von W. Schimmelpfennig, 80 Seiten, 1 dreiseitige Ausklapptafel, 55 Farbfotos, 139 Zeichnungen, kart. ●●●

Lenkdrachen
bauen und fliegen
(**1011**-7) Von W. Schimmelpfennig, 64 Seiten, 51 Farbf. und 126 Zeichnungen, kart. ●●

Neue Lenkdrachen und Einleiner
bauen und fliegen
(**1353**-1) Von W. Schimmelpfennig, 80 Seiten, 54 Farbf., 95 Farbzeichn., kart. ●●●

Drachen
Einfache Modelle für Kinder
(**5156**-5) Von W. Schimmelpfennig, 32 Seiten, 11 Farbfotos, 31 Zeichnungen, mit Vorlagebogen, kartoniert. ●

Basteln mit Kleinkindern
ab 3 Jahren
(**4747**-9) Von W. Kottke und I. Hübers-Kemink, 128 Seiten, über 200 Farbabbildungen, mit Vorlagebogen, gebunden. ●●●

Das goldene Bastelbuch für Kinder
(**4769**-X) Von U. Barff (Hrsg.), 336 Seiten, durchg. vierf., mit 2 Vorlagebogen, geb. ●●●

Basteln mit Kindern
Dinos & Drachen
(**5279**-0) Von G. Reinscheid, 48 Seiten, durchgehend vierfarbig, mit Vorlagebogen, kart. ●

Basteln mit Kindern
Fensterbilder Ritter und Burgen
(**5284**-7) Von D. Köhnen, 48 Seiten, durchgehend vierfarbig, mit Vorlagebogen, kart. ●

Das große farbige
Bastelbuch für Kinder
(**4254**-X) Von U. Barff, I. Burkhardt, J. Maier, 224 S., 157 Farbf., 430 Farb- und 60 s/w-Zeichn., m. Schnittmusterbg., Pappband. ●●●

Origami
Tiere aus aller Welt
(**5250**-2) Von J. Maier, 32 Seiten, 19 Farbfotos ab. 16 s/w-Zeichnungen, kartoniert. ●

Hobby Origami
Papierfalten für groß und klein
(**0756**-6) Von Z. Aytüre-Scheele, 80 Seiten, 820 Fotozeichnungen, kart. ●●

Neue zauberhafte Origami-Ideen
Papierfalten für groß und klein
(**0805**-8) Von Z. Aytüre-Scheele, 80 Seiten, 720 Fotozeichnungen, kart. ●●

Zauberwelt Origami
Tierfiguren aus Papier
(**1045**-1) Von Z. Aytüre-Scheele, 80 Seiten, 660 Fotozeichnungen, kart. ●●

Kreatives Gestalten mit **Papiermaché**
(**5246**-4) Von B. Jetzek-Berkenhaus, 32 S., ca. 50 Farbfotos, mit Vorlagebogen in Originalgröße, kartoniert. ●

Marmorieren
Muster · Techniken · Gestaltungsideen
(**5247**-2) Von T. Hartel, 32 S., ca. 50 Farbfotos, mit Vorlagebg. in Originalgröße, kart. ●

Heut basteln wir mit Pappe und Papier
(**4413**-5) Von U. Barff, J. Maier, 224 Seiten, 117 Farbfotos, 480 Farbzeichn., 25 s/w-Abb., mit Schnittmusterbogen, Pappband. ●●●

Das große farbige Bastel- und Werkbuch
(**4439**-9) Von D. Rex, 256 S., 999 Farbfotos, 33 Farbzeichnungen, Pappband. ●●●●

Mein liebstes Spiel- und Bastelbuch
Die Welt der Dinosaurier
Tiere und Landschaften zum Selbermachen
Ausbrechen, aufstellen, spielen
(**4478**-X) Von B. Burkart, 8 Blatt mit herauslösbaren Motiven, 280-g-Karton mit Stanzung, 8 S. Bastelanl. und Sachinformation. ●

Das große farbige Dinosaurierbastelbuch
(**4686**-3) Von S. Koter, 128 S., 87 Farbfotos, 71 Farbzeichn., Vorlagebogen, Pappbd. ●●●

Fensterbilder in Scherenschnitt
(**5169**-7) Von A. Hahn, 32 Seiten, 52 Farbfotos, 3 s/w-Fotos, mit Vorlagebogen in Originalgröße, kartoniert. ●

Fensterbilder
Meine Lieblingstiere
(**5197**-2) Von Y. Thalheim, H. Nadolny, 32 Seiten, 38 Farbfotos, mit Vorlagebogen in Originalgröße, kartoniert. ●

Fensterbilder Enten und Gänse
(**5278**-2) Von D. Köhnen, 48 Seiten, durchgehend vierfarbig, mit Vorlagebogen, kart. ●

Fensterbilder Lustige Tiere
(**5210**-3) Von F. Michalski, 32 S., 47 Farbfotos, mit Vorlagebogen in Originalgröße, kart. ●

Fensterbilder Bauernhof
(**5264**-2) Von D. Köhnen, 48 Seiten, 44 Farbfotos, Vorlagebogen, kartoniert. ●

Fensterbilder Dinosaurier
(**5260**-X) Von C. Hüfner, 32 S., 8 Farbfotos, 47 Farbzeichnungen, Bastelbogen, kart. ●

Basteln mit Kindern
Fensterbilder Ritter und Burgen
(**5284**-7) Von D. Köhnen, 48 Seiten, durchgehend vierfarbig, mit Vorlagebogen, kart. ●

Mit Farben und Papieren
Fenster dekorieren
(**5255**-3) Von K. Groß, 32 Seiten, 8 Farbfotos, 59 Farbzeichnungen, kartoniert. ●

Basteln mit Kindern
Große Fensterbilder
(**5276**-6) Von D. Köhnen, 48 Seiten, durchgehend vierfarbig, mit Vorlagebogen, kart. ●

Originelle Fensterbilder
aus Tonpapier und Tonkarton
(**1305**-1) Von D. Köhnen, 64 Seiten, 70 Farbfotos, kartoniert. ●●

Die schönsten Fensterbilder
(**1066**-X) Von C. Kimmerle, 64 S., 100 Farbfotos, 7 Zeichnungen, kartoniert. ●●

Das Fensterbilder-Alphabet
Basteln mit Kindern ab 5 Jahren
(**5242**-1) Von E. Bohne, 32 S., ca. 50 Farbabb., mit Vorlagebg. in Originalgröße, kart. ●

Märchenhafte Fensterbilder
(**5185**-9) Von J. Maier, 32 S., 37 Farbfotos, mit Vorlagebg. in Originalgröße, kart. ●

Fensterbilder Blumen und Tiere
(**5186**-7) Von M. Twachtmann, 32 Seiten, 41 Farbfotos, 3 Zeichnungen, mit Vorlagebogen in Originalgröße, kartoniert. ●

Fensterbilder rund um die Welt
(**1411**-2) Von D. Köhnen, 64 Seiten, Vorlagebogen, 66 Farbfotos, kartoniert. ●●

Fensterbilder Zahlen
(**5268**-5) Von E. Bohne, 32 S., zahlr. Farbabbildungen, Vorlagebogen, kartoniert. ●

Fensterbilder Strand und Meer
(**5269**-9) Von B. Alex, 32 S., 57 Farbfotos, Vorlagebogen, kartoniert. ●

Fensterschmuck
Originelle Ideen für Dekorationen und Fensterbilder
(**1241**-1) Von D. Köhnen, 64 S., ca. 70 Farbfotos, Vorlagebogen, kartoniert. ●●

Klassisches Origami
Asiatische Faltkunst für Fortgeschrittene
(**1454**-6) Von P. D. Tuyen, ca. 80 Seiten, ca. 600 farbige Abbildungen, kartoniert. ●●

Sticker
Bastelspaß mit bunten Bildern
(**5270**-7) Von D. Dieterle und J. Reick, 48 S., 73 Farbfotos, mit Vorlagebogen, kartoniert. ●

Papierflieger
(**5157**-3) Von T. Gött, 32 S., 73 Farbf., 19 Zeichn., mit Vorlagebg. in Originalgröße, kart. ●

Windspielzeug
Basteln mit Kindern ab 5 Jahren
(**5241**-3) Von D. Köhnen, 32 S., ca. 50 Farbabb., mit Vorlagebg. in Originalgröße, kart. ●

Flieger und Schiffe aus Papier
falten, ausbalancieren und steuern
(1410-4) Von C. Hüfner, ca. 80 Seiten, zahlr. Farbabbildungen, kartoniert. ●●

Faltschnitte
(5257-X) Von B. Blankenburg, 32 S., 12 Farbf., 42 Farbzeichn., Vorlagenbogen, kartoniert. ●

Laternen und Lampions
(5206-5) Von C. Hüfner, 32 S., 60 Farbfotos, mit Vorlagebogen in Originalgröße, kart. ●

Mobiles aus Papier
(5183-2) Von J. Maier, 32 S., 17 Farbfotos, 35 Farbzeichnungen, mit Vorlagebogen in Originalgröße, kartoniert. ●

Tiermobiles
(5258-8) Von C. Hüfner, 32 Seiten, 57 Farbzeichnungen, Vorlagebogen, kartoniert. ●

Sonne, Mond und Sterne
Motive und Farbzeichnungen
(5282-0) Von D. Köhnen, 48 Seiten, durchgehend vierfarbig, mit Vorlagebogen, kart. ●

Bastelideen für Indianerspiele
(5252-9) Von B. Nelich, D. Velte, 32 Seiten, 38 Farbfotos, Vorlagebogen, kartoniert. ●

Der große Verkleidungsspaß Kinderkostüme
(1304-3) Von C. Baumgarten, 53 Farbfotos, 183 Farbzeichn., Vorlagebogen, kart. ●●

Lustige Geschenk- und Schultüten
(5263-4) Von F. Michalski, 32 Seiten, 26 Farbfotos, Vorlagebogen, kartoniert. ●

Deco Art
Die Kunst, Geschenke zu verpacken
(0949-6) Von B. Niermann, 80 S., 78 Farbfotos, 191 Zeichnungen, kartoniert. ●●

Geschenke wunderschön verpacken
(1113-X) Von P. Jansen, 80 S., 79 Farbfotos, 166 Farbzeichnungen, kartoniert. ●●

Geschenke umweltfreundlich verpacken
(1240-3) Von P. Jansen, 64 S., vierfarbige Fotos und Illustrationen, kartoniert. ●●

Geldgeschenke
phantasievoll gestalten
(5251-0) Von P. Jansen, 32 Seiten, 49 Farbfotos, Vorlagebogen, kartoniert. ●

Geldgeschenke · Gutscheine · Geschenkanhänger
originell gestalten und verpacken
(1115-6) Von S. Haenitsch-Weiß, A. Weiß, 80 Seiten, 176 Farbfotos, kartoniert. ●●

Geschenke verpacken für Kinderfeste
(5195-6) Von C. Netolitzky, 32 Seiten, 43 Farbfotos, mit Vorlagebogen in Originalgröße, kart. ●

Originelles Ambiente für Gäste
Festdekorationen
(1049-4) Von B. Niermann, 80 S., 125 Farbfotos, 59 Farbzeichn., kartoniert. ●●

Origineller Bastelspaß rund ums Herz
Motive und Geschenkideen
(5272-9) Von D. Köhnen, 48 Seiten, durchgehend vierfarbig, mit Vorlagebogen, kart. ●

Dekorative Schleifen
aus Bändern und Papier
(5205-7) Von M. Schorege, 32 S., 28 Farbfotos, 31 Farbzeichnungen, mit Vorlagebogen in Originalgröße, kartoniert. ●

Dekorieren und Arrangieren mit
Seidenblumen
(5200-6) Von M. L. Sprang, 32 S., 37 Farbfotos, 14 Farbzeichnungen, mit Vorlagebogen in Originalgröße, kartoniert. ●

Schmuck- und Glückwunschkarten
Papierarchitektur · Collagen · Faltschnittkarten
(1114-8) Von C. Sanladerer, 64 S., 55 Farbfotos, 31 Zeichnungen, kartoniert. ●●

Einladungs-, Tisch- und Menükarten
selbst gestalten
(1302-7) Von S. Haenitsch-Weiß, 80 Seiten, zahlreiche Farbabbildungen, kartoniert. ●●

Basteln mit Kindern
Moosgummi
(5271-5) Von A. und R. Schurr, 48 Seiten, durchgehend vierfarbig, mit Vorlagebogen, kartoniert. ●

Originell und Modern
Moosgummi
(1354-X) Von S. Boczkowski-Sigges, 56 Seiten, 92 Farbfotos, kartoniert. ●

Osterschmuck
Neue Ideen für Kränze, Sträuße, Gestecke
(5267-7) Von I. Gleim, ca. 32 Seiten, zahlr. Farbabbildungen, kartoniert. ●

Basteln mit Kindern für
Ostern
(5283-9) Von V. Ettelt u.a., 48 Seiten, 12 Farbf., 83 Farbzeichnungen, mit Vorlagebg., kart. ●

Ostereier originell dekorieren
(5219-7) Von W. Velte, 32 S., 44 Farbfotos, mit Vorlagebogen in Originalgröße, kart. ●

Fensterbilder für die Osterzeit
(5244-8) Von R. Lübke, D. Lübke, 32 S., ca. 50 Farbf., mit Vorlageb. in Originalg., kart. ●

Basteln für Ostern
(5164-6) Von Chr. Adjano, 32 S., 47 Farbfotos, mit Vorlagebogen in Originalgröße, kart. ●

Ostereier
Basteln mit Kindern ab 5 Jahren
(5243-X) Von Vera Ettelt, 32 Seiten, mit Spielebogen, kartoniert. ●

Tischdekorationen für Ostern
(5220-0) Von Chr. Adjano, 32 S., 49 Farbfotos, mit Vorlagebogen in Originalgröße, kart. ●

Basteln und dekorieren für
Advent und Weihnachten
(4446-1) Von G. Teusen, C. Netolitzky, 176 S., 285 Farbf., mit Bastelvorlagebg., Pappb. ●●●

Kinderbastelbuch
für Advent und Weihnachten
(4687-1) Von S. Wetzel-Maesmanns, 104 S., ca. 120 Farbfotos, ca. 300 Anleitungsillustrationen, Vorlagebogen, Pappband. ●●

Lustige Bastelideen für die
Weihnachtszeit
(5256-1) Von B. Löschenkohl, 32 S., 8 Farbfotos, 69 Farbzeichn., Vorlagebogen, kart. ●

Basteln für Weihnachten
(5162-X) Von Chr. Adjano, 32 S., 44 Farbfotos, mit Vorlagebogen in Originalgröße, kart. ●

Fensterbilder Winter und Weihnachten
(5275-8) Von F. Michalski, 48 S., 57 Farbfotos, Vorlagebogen, kartoniert. ●

Fensterdekorationen für die Weihnachtszeit
(5181-6) Von Y. Thalheim, H. Nadolny, 32 S., 33 Farbfotos, mit Vorlagebogen in Originalgröße, kartoniert. ●

Fensterbilder für Advent und Weihnachten
(5211-1) Von M. Schorege, 32 S., 24 Farbf., 15 Zeichn., mit Vorlagebg. in Original., kart. ●

Strohsterne
in bunter Vielfalt
(5273-1) Von M. Schorege, 48 S., 46 Farbfotos, Vorlagebogen, kartoniert. ●

Duftender Weihnachtsschmuck
aus Tonpapier und Potpourris
(5254-0) Von S. Wetzel-Maesmanns, 32 Seiten, 38 Farbfotos, Vorlagebogen, kartoniert. ●

Duftsträuße und Potpourris
(1239-2) Von A. Effelsberg, 80 Seiten, ca. 80 vierfarb. Abbildungen, kartoniert. ●●

Potpourris
Rezepturen und Geschenkideen
(5265-0) Von U. Altmann, 32 Seiten, 53 Farbfotos, kartoniert. ●

Trockenblumen
Gewürzsträuße, Gestecke, Kränze, Buketts
(0643-7) Von R. Strobel-Schulze, 88 Seiten, 170 Farbfotos, kartoniert. ●●

Phantasievolles Schminken
Verzauberte Gesichter für Maskeraden, Laienspiele und Kinderfeste
(0907-0) Hrsg.: H. u. Y. Nadolny, 64 Seiten, 227 Farbfotos, kartoniert. ●●

Schminken für Kinder
(5177-8) Von Y. Thalheim, H. Nadolny, 32 S., 68 Farbfotos, mit Vorlagebogen in Originalgröße, kartoniert. ●

Do it yourself und Technik

Moderne Fotopraxis
(4401-1) Von G. Koshofer, Prof. H. Wedewardt, 224 S., 363 Farbfotos, 106 s/w-Fotos, 5 Farb- und 24 s/w-Farbzeichnungen, Pappband. ●●●●

So macht man bessere Fotos
(1158-X) Von G. Koshofer, 144 S., 259 Farbfotos, 25 s/w-Fotos, kartoniert. ●●

So macht man bessere Kinderfotos
(1459-7) Von G. Koshofer, ca. 120 Seiten, ca. 260 farbige Abbildungen, kartoniert. ●●●

Kodak Photo CD
Bilder archivieren, bearbeiten, präsentieren
(4388-0) Von H. Freund, ca. 176 Seiten, durchgehend vierfarbig, kartoniert. ●●●

Videografieren
Filmen mit Video 8. Technik – Bildgestaltung – Schnitt – Vertonung.
(0843-0) Von M. Wild, K. Möller, 120 Seiten, 101 Farbfotos, 22 s/w-Fotos, 52 Zeichnungen, kartoniert. ●●●

Videografieren perfekt
Profitricks für Aufnahmetechnik und Nachbearbeitung
(0969-0) Von W. Schild, 120 S., 144 Farbabbildungen, 5 s/w-Zeichnungen, kart. ●●●

Besser VIDEOfilmen
Moderne Technik für perfekte Videos
(1458-9) Von W. Schild, ca. 160 Seiten, zahlreiche Farbabbildungen, kartoniert. ●●●

Videofilmen wie ein Profi
Technik · Motive · Filmaufbau · Nachbearbeitung
(4506-9) Von T. Pehle, 232 S., 444 Farbfotos, 61 zweifbg. Zeichnungen, Pappband. ●●●●

Do it yourself
Heimwerken
(4117-9) Von T. Pochert, 456 S., 1103 Farbfotos, 100 Farbabb., Pappband. ●●●●

Drechseln
Material · Technik · Beispiele
(1306-X) Von O. Maier, 72 S., 195 Farbabbildungen, 14 s/w-Zeichnungen, kartoniert. ●●

Do it yourself
Dachgeschoß- und Innenausbau
(1243-8) Von M. Maurer, 96 S., 314 Farbfotos, 35 Zeichn., kartoniert. ●●

Do it yourself
Sanitärinstallationen
(1118-0) Von W. Kawlath, 96 Seiten, 214 Farbabbildungen, kartoniert. ●●

Do it yourself
Metall bearbeiten
(1119-9) Von O. Maier, 96 S., 230 Farbfotos, 6 s/w-Zeichnungen, kartoniert. ●●

Do it yourself
Elektroarbeiten
(0975-5) Von K. H. Schubert, 120 S., 193 Farbfotos, 40 Abbildungen, kartoniert. ●●●

Möbel im Designer-Stil
entwerfen und bauen
(1360-4) Von H.-W. Bastian, ca. 64 Seiten, zahlr. Farbabbildungen, kartoniert. ●●●

Möbel für Kinderzimmer und Wohnbereich
(1456-2) Von H.-W. Bastian, 80 Seiten, vierfarbig, kartoniert. ●●

Schnitzen
Hölzer · Muster · Werkzeuge
(1414-7) Von O. Maier, ca. 64 Seiten, zahlr. Farbabbildungen, kartoniert. ●●

Modellbauelektronik
Fernsteuerungen für Autos, Schiffe, Flugzeuge
(1361-2) Von W. Kawlath, 80 Seiten, zahlr. Farbabbildungen, kartoniert. ●●

Alarmanlagen
für Wohnung, Haus, Auto
(1308-6) Von H.-W. Bastian, 64 Seiten, 81 Farbfotos, 32 Zeichnungen kartoniert. ●●

Solarstromanlagen
bauen und installieren
(1457-0) Von P. Röbke-Doerr, E. Steffens, ca. 80 Seiten, ca. 200 farbige Abbildungen, kartoniert. ●●

Hifi-Boxen
(1307-8) Von U. Hilgefort, 96 S., 160 Farbfotos, 49 Zeichnungen, kartoniert. ●●

Technik im Garten
Pumpen · Filter · Beleuchtung
(1238-1) Von H.-W. Bastian, 64 S., 90 Farbfotos, 17 Farbzeichnungen, kartoniert. ●●

Restaurieren von Möbeln
Stilkunde, Materialien, Techniken, Arbeitsanleitungen in Bildfolgen.
(4120-9) Von E. Schnaus-Lorey, 152 S., 37 Farbf. 75 s/w-Fotos, 352 Zeichn., Pappbd. ●●●●

Elektronik als Hobby
Von der Grundlagenschaltung zum integrierten Schaltkreis
Mit 8 wichtigen Universalplatinen
(4293-0) Von W. Priesterath, 264 S., 80 s/w-Fotos, 128 Zeichn., kartoniert. ●●●●

Die Super-Sportwagen der Welt
(4423-2) Von H. G. Isenberg, 194 S., 184 Farbfotos, 4 farbige Ausklapptafeln, 32 s/w-Fotos, Pappband. ●●●●

Die Super-Rennwagen der Welt
(4707-X) Von H. G. Isenberg, 194 Seiten, 189 Farbf., 31 s/w-Fotos, Pappband. ●●●●

Die Super-Trucks der Welt
(4257-4) Von H. G. Isenberg, 194 Seiten, 205 Farbfotos, 87 s/w-Fotos, 7 Farbzeichn., 4 farbige Ausklapptafeln, Pappbd. ●●●●

Die Super-Motorräder der Welt
(4193-4) Von H. G. Isenberg, 192 Seiten, 170 Farb- und 100 s/w-Fotos, 8 Zeichnungen, Pappband. ●●●●

Die Super-Eisenbahnen der Welt
(4287-6) Von W. Kosak, H. G. Isenberg, 224 S., 269 Farbfotos, 79 s/w-Fotos, 8 Vignetten, 5 farbige Ausklapptafeln, Pappband. ●●●●

Die Super-Dampfloks der Welt
(4480-1) Von H. Faust, H. G. Isenberg, 194 Seiten, 193 Farbfotos, mit vier Ausklapptafeln, Pappband ●●●●

Plastikmodellbau
Autos, Schiffe, Flugzeuge in vollendeter Technik.
(1116-4) Von W. Kawlath, 96 Seiten, 272 Farbabbildungen. ●●

Spiele und Denksport

Spielbare Witze für Kinder
(0824-6) Von H. Schmalenbach, 112 Seiten, 30 Zeichnungen, kartoniert. ●

Neue spielbare Witze für Kinder
(1173-3) Von H. Schmalenbach, 96 Seiten, 31 Zeichnungen, kartoniert. ●

Scherzfragen, Drudel und Blödeleien
gesammelt von Kindern.
(0506-7) Hrsg. von W. Pröve, 80 Seiten, 57 Zeichnungen, kartoniert. ●

Spiele mit Papier und Bleistift
(2044-9) Von K.-H. Koch, ca. 96 Seiten, kartoniert. ●

Der Elefant in meiner Hand…
Fingerspiele
für Kinder vom Baby – bis zum Grundschulalter
(2043-0) Von G. Falkenberg, 72 Seiten, 146 Farbzeichnungen, kartoniert. ●

Kinderspiele
die Spaß machen
(2009-0) Von H. Müller-Stein, 104 Seiten, 28 Abbildungen, kartoniert. ●

Kinderspiele mit Buchstaben und Wörtern
(1041-9) Von Dr. U. Vohland, 96 Seiten, 54 Zeichnungen, kartoniert. ●

Spiel und Spaß am Krankenbett
für Kinder und die ganze Familie
(2035-X) Von H. Bücken, 96 Seiten, 97 Zeichnungen, kartoniert. ●

Spiele im Freien
(2038-4) Von G. Wagner, 88 S., 20 zweifbg.-Zeichnungen, kartoniert. ●

Spiel und Spaß zu Hause
(2039-2) Von U. Geißler, 80 S., 90 zweifbg. Abbildungen, kartoniert. ●

Spiel und Spaß auf Reisen
Für Kinder und die ganze Familie
(1085-0) Von U. Geißler, 80 S., 107 zweifbg., kartoniert. ●

Kleine Spiele ganz groß
(1330-2) Von U. Vohland, 80 Seiten, 93 s/w-Zeichnungen, kart. ●

Entdeckungsspiele für die ganze Familie
Rallyes zu Fuß und mit dem Fahrrad
(1393-0) Von U. Vohland, 96 S., 117 Zeichnungen, kartoniert. ●●

Kinder spielen Theater
(4696-0) Von G. Walter, 160 S., 48 Farbfotos, 229 Farbzeichnungen, kartoniert. ●●●

Guten Tag, Kinder!
Neue Texte mit Spielanleitungen fürs Kasperletheater
(0861-9) Von U. Lietz, 96 S., 18 s/w-Zeichnungen, kartoniert. ●

Kasperletheater
Spieltexte und Spielanleitungen · Basteltips für Theater und Puppen.
(0641-1) Von U. Lietz, 114 Seiten, 4 Farbtafeln, 12 s/w-Fotos, 39 Zeichnungen, kartoniert. ●

Kindergeburtstage, die keiner vergißt
Planung, Gestaltung, Spielvorschläge.
(0698-5) Von G. und G. Zimmermann, 104 S., 80 Vignetten, kartoniert. ●

Kindergeburtstag
Vorbereitung, Spiel und Spaß.
(0287-4) Von Dr. J. Obrig, 136 S., 40 Abb., 11 Zeichn., 9 Lieder mit Noten, kart. ●●

Unvergeßliche Kindergeburtstage
(4705-3) Von G. Hennekemper, 176 S., 116 Farbfotos, 134 Farbzeichn., Pappband. ●●●

Unvergeßliche Kinderpartys
Tolle Ideen für Einladungen, Dekorationen und Spiele
(4756-8) Von V. Mirschel, 112 S., zahlreiche Farbfotos und -zeichnungen, gebunden. ●●●

Unvergeßliche Kinderfeste
Tolle Dekorationen, Spiele, Sketche für drinnen und draußen
(4457-7) Von Dr. G. Hennekemper, 192 S., 111 Farbfotos, 214 Farb- und 14 s/w-Zeichnungen, 4 S. Schnittmuster, Pappband. ●●●

Spielen mit den Allerkleinsten
(4691-X) Von S. Horak, 128 S., 47 Farbfotos, Pappband. ●●●

Lauter tolle Sachen, die Kinder gerne machen
(4731-2) Hrsg. U. Barff., 352 S., 117 Farbfotos, 778 Farbzeichnungen, Pappband. ●●●●

Das große bunte Spielebuch
für Kinder von 2 bis 6 Jahren
(4543-3) Von R. Grabbet, 160 S., 312 Farbabbildungen, Pappband. ●●●

Mein kunterbuntes Ratebuch
Rätselspiele mit Bildern und Wörtern für Kinder von 7 bis 10 Jahren
(4697-9) Von D. und R. Zey, ca. 144 Seiten, durchgehend vierfarbig, gebunden. ●●●

Neues Buch der siebzehn und vier Kartenspiele
(0095-2) Von K. Lichtwitz, 96 S., kartoniert. ●

Alles über Pokern
Regeln und Tricks.
(2024-4) Von C. D. Grupp, 112 S., 29 Kartenbilder, kartoniert. ●

Rommé und Canasta
in allen Variationen.
(2025-2) Von C. D. Grupp, 88 S., 24 Zeichnungen, kartoniert. ●

Doppelkopf, Schafkopf, Binokel, Cego, Tarock und andere Stammtischspiele.
(2015-5) Von C. D. Grupp, 112 S., kartoniert. ●

Das Skatspiel
Eine Fibel für Anfänger
(0206-8) Von K. Lehnhoff, 96 S., kartoniert. ●

Spielend Skat lernen
unter freundlicher Mitarbeit des Deutschen Skatverbandes
(2005-8) Von Th. Krüger, 120 Seiten, 181 s/w-Fotos, 22 Zeichnungen, kart. ●●

Patiencen
in Wort und Bild. (2003-1) Von I. Wolter-Rosendorf, 120 Seiten, kartoniert. ●

Neue Patiencen
(2036-8) Von H. Sosna, 160 Seiten, 43 Farbtafeln, kartoniert. ●

Spielend Bridge lernen
(2012-0) Von J. Weiss, 96 Seiten, 58 Zeichnungen, kartoniert. ●

Spieltechnik im Bridge
(2004-X) Von V. Mollo und N. Gardener, dt. Adaption von D. Schröder, 152 S., kart. ●●●

Neue Kartentricks
(2027-9) Von K. Pankow, 104 Seiten, 20 Abbildungen, kartoniert. ●

Das japanische Brettspiel Go
(2020-1) Von W. Dörholt, 104 S., 182 Diagramme, kart. ●●

Spielend Go lernen
(2041-4) Von H. Otake, S. Futakuchi, 192 S., 615 s/w-Zeichnungen, kartoniert. ●●

Mah-Jongg
Das chinesische Glücks-, Kombinations- und Gesellschaftsspiel. (2030-9) Von U. Eschenbach, 80 S., 30 s/w-Fotos, 5 Zeichn., kart. ●

Backgammon
für Anfänger und Könner. (2008-2) Von G. W. Fink und G. Fuchs, 104 S., 41 Abb., kart. ●

Einführung in das Schachspiel
(0104-5) Von W. Wollenschläger und K. Colditz, 112 S., 116 Diagramme, kartoniert. ●

Schach, das königliche Spiel
Von den Grundzügen zum strategischen Spiel.
(1105-9) Von T. Schuster, 192 S., 302 Diagramme, kartoniert. ●●

Spielend Schach lernen
(2002-3) Von T. Schuster, 96 S., , kartoniert. ●

Kinder- und Jugendschach
Offizielles Lehrbuch des Deutschen Schachbundes zur Errringung der Bauern-, Turm- und Königsdiplome.
(0561-X) Von B. J. Withuis, H. Pfleger, 144 S., 220 Zeichnungen und Diagramme, kart. ●●

Zug um Zug
Schach für Jedermann 1
Offizielles Lehrbuch des Deutschen Schachbundes zur Erringung des Bauerndiploms.
(**0648**-9) Von H. Pfleger, E. Kurz, 80 Seiten, 24 s/w-Fotos, 8 Zeichnungen, 60 Diagramme, kartoniert. ●●

Zug um Zug
Schach für Jedermann 2
Offizielles Lehrbuch des Deutschen Schachbundes zur Erringung des Turmdiploms.
(**0659**-4) Von H. Pfleger, E. Kurz, 128 Seiten, 7 s/w-Fotos, 13 Zeichnungen, 78 Diagramme, kartoniert. ●●

Zug um Zug
Schach für Jedermann 3
Offizielles Lehrbuch des Deutschen Schachbundes zur Erringung des Königsdiploms.
(**0728**-0) Von H. Pfleger, G. Treppner, 128 S., 4 s/w-Fotos, 84 Diagr., 10 Zeich., kart. ●●

Schach für Fortgeschrittene
Taktik und Probleme des Schachspiels
(**0219**-X) Von R. Teschner, 88 Seiten, 85 Diagramme, kartoniert. ●

Neue Schacheröffnungen
(**0478**-8) Von T. Schuster, 104 Seiten, 100 Diagramme, kartoniert. ●

Würfelspiele
für jung und alt. (**2007**-4) Von F. Pruss, 112 S., 21 s/w-Zeichnungen, kartoniert. ●

Roulette richtig gespielt
Systemspiele, die Vermögen brachten.
(**0121**-5) Von M. Jung, 96 S., zahlreiche Tabellen, kartoniert. ●

Spiele für Party und Familie
(**2014**-7) Von Rudi Carrell, 80 S., 22 Zeichnungen, kartoniert. ●

Neue Spiele für Ihre Party
(**2022**-8) Von G. Blechner, 120 S., 54 Zeichnungen, kartoniert. ●

Lustige Tanzspiele und Scherztänze
für Partys und Feste.
(**0165**-7) Von E. Bäulke, 80 S., 53 Abb., kart. ●

Das Spiel mit der Schwerkraft
Jonglieren
Mit Bällen, Keulen, Ringen und Diabolo.
(**1009**-5) Von S. Peter, 80 S., 149 Farbfotos, kartoniert. ●

Zaubern
einfach – aber verblüffend.
(**2018**-X) Von D. Bouch, 84 Seiten, 41 Zeichnungen, kartoniert. ●

Tips, Tricks und Gewinnstrategien für Game-Boy-Spiele
(**1235**-7) Von René Zey, 176 Seiten, 100 Zeichnungen, kartoniert. ●●

Neue Game-Boy-Spiele
Sport, Action und Adventure
(**1325**-6) Von R. Zey, 176 Seiten, 21 s/w-Zeichnungen, kartoniert. ●●

Alles über Super-Nintendo-Spiele
Technik, Tips und Facts
(**1340**-X) Von D. Mark, 104 S., zahlreiche Farbabbildungen, kartoniert. ●●

Das 3. Glücksrad Rätselbuch
(**1391**-4) 160 Seiten, kartoniert. ●●

Rätselspiele
Quiz- und Scherzfragen für gesellige Stunden
(**1270**-5) Von K. H. Schneider, ca. 80 Seiten, ca. 80 s/w-Abbildungen, kartoniert. ●

Knobeleien und Denksport
(**2019**-8) Von K. Rechberger, 142 Seiten, 105 Zeichnungen, kartoniert. ●

So feiert man Feste fröhlicher
Heitere Vorträge und Gedichte
(**0098**-7) Von Dr. Allos, 96 Seiten, 15 Abbildungen, kartoniert. ●

Die große Lachparade
Neue Texte für heitere Vorträge und Ansagen
(**0188**-6) Von E. Müller, 80 S., kartoniert. ●

Rat und Wissen

Der gute Ton
in Gesellschaft und Beruf.
(**0063**-4) Von I. Wolter, 80 S., 42 s/w-Fotos, 7 Zeichnungen, kartoniert. ●

Der gute Ton
im Privatleben.
(**1111**-3) Von I. Wolter, bearbeitet von Wolf Stenzel, 104 S., 42 s/w-Abbildungen, kart. ●

Umgangsformen heute
Die Empfehlungen des Fachausschusses für Umgangsformen.
(**4015**-6) 252 S., 108 s/w-Fotos, 17 Zeichnungen, Pappband. ●●●

Abc der modernen Umgangsformen
(**4754**-1) Von I. Wolff, ca. 300 Seiten, zahlreiche Abbildungen, gebunden. ●●●

Benehmen bei Tisch
(**0988**-7) Von I. Cording, 80 S., 90 Farbfotos, 5 s/w-Zeichnungen, kartoniert. ●●

Krawatten
Fliegen, Schals und Tücher gekonnt binden
(**1072**-9) Von Y. Thalheim, H. Nadolny, 48 S., 129 Farbfotos, 1 s/w-Foto, Pappband. ●

freundin
Farbberatung
Alle Farben, die Ihnen wirklich stehen
(**4520**-4) Von Chr. Buscher, 128 Seiten, 175 Farbfotos, Pappband. ●●●●

freundin
Das perfekte Make-up
(**4727**-4) Von M. Rüdiger, H. Kirchberger, G. Mergenburg, 128 Seiten, 271 Farbfotos, Pappband. ●●●●

freundin
Der große Ratgeber
Body Fitness
Diät · Pflege · Bräune · Gymnastk · Anti-Cellulite-Programm
(**4758**-4) Von M. Bückmann u.a., ca. 128 S., durchgehend vierfarbig, gebunden. ●●●●

freundin Ratgeber
Hochzeit feiern
(**4702**-2) Von K. C. von Hoerner-Nitsch, I. Weber, K. Riebartsch, C. von Bernuth, 128 Seiten, 188 Farbfotos., 28 s/w-Fotos, Pappbd. ●●●●

freundin
Typ & Frisur
(**4695**-2) Von E. Bolz, 128 S., 219 Farbfotos, Pappband. ●●●●

Gedichte, Reden und Sketche
für grüne, silberne u. goldene Hochzeitstage
(**1269**-1) Von F. Rieder, 160 S., durchgehend vierfarbig, Pappband. ●●

Von der Verlobung zur Goldenen Hochzeit
(**0393**-5) Von E. Runge, 112 S., kartoniert. ●

Hochzeitszeitungen
Tolle Ideen für Leute von heute
(**1379**-5) Von Y. Thalheim, 80 S., 160 zweifbg. Abbildungen, kartoniert. ●●

Die Silberhochzeit
Vorbereitung · Einladung · Geschenkvorschläge · Dekoration · Festablauf · Menüs · Reden · Glückwünsche. (**0542**-3) Von K. F. Merkle, 112 S., 41 Zeichnungen, kartoniert. ●

Geburtstagsfeiern für jedes Alter
Planung und Festgestaltung
(**1382**-5) Von S. Ahrndt, 128 S., 145 Farbfotos, 28 Farbzeichnungen, kartoniert. ●●

Geburt und Taufe feiern
Planung und Festgestaltung
(**1443**-0) Von S. Ahrendt, 112 Seiten, 46 Farbzeichn., kartoniert. ●●

Wie soll es heißen?
(**0211**-4) Von D. Köhr, 136 S., kartoniert. ●

Unsere beliebtesten Vornamen
(**1023**-0) Von A. F. W. Weigel, 160 Seiten, 75 s/w-Fotos, Pappband. ●●

Die schönsten Vornamen
(**4755**-X) Hrsg. Dr. D. Voorgang, ca. 208 Seiten, über 100 Farbzeichnungen, gebunden. ●

Kindergedichte, Lieder und Sketche für Hochzeitsfeiern
(**1112**-1) Von B. Lins, 72 Seiten, 26 farbige Abbildungen, 15 Lieder, kartoniert. ●

Neue Kindergedichte und Lieder für Hochzeitsfeste
(**1431**-7) Von A. Schweiggert, 80 S., 27 s/w-Zeichnungen, kartoniert. ●

Kindergedichte rund ums Jahr
(**1040**-0) Von A. Schweiggert, 80 Seiten, 49 Zeichnungen, 6 Vignetten, kartoniert. ●

Kindergedichte für alle Tage und Feste
Freu dich, daß noch Blumen sprießen . . .
(**1489**-9) Von G. Rudolf, 160 Seiten, durchgehend zweifarbig, gebunden. ●

Ins Gästebuch geschrieben
(**0576**-8) Von K. H. Trabeck, 96 Seiten, 24 Zeichnungen, kartoniert. ●

Der Verseschmied
Kleiner Leitfaden für Hobbydichter.
(**0597**-0) Von T. Parisius, 96 Seiten, 28 Zeichnungen, kartoniert. ●

Mach' dir einen Reim
Der moderne Verseschmied
(**1433**-3) Von G. Rudorf, 192 S., Pappband. ●●

Die schönsten Volkslieder
(**0432**-X) Hrsg. G. Walther, 128 S., mit Noten und Zeichnungen, kartoniert. ●

Alte und neue
Wanderlieder
(**1268**-3) Von P. G. Walter, 96 S., zweifarbig, kartoniert. ●

Neue Glückwunschfibel
für groß und klein.
(**0156**-8) Von R. Christian-Hildebrandt, 96 S., 13 Vignetten, kartoniert. ●

Großes Buch der Glückwünsche
(**0255**-6) Hrsg. von O. Fuhrmann, 176 S., 77 Zeichnungen und viele Gestaltungsvorschläge, kartoniert. ●●

Wetter und Wind ändern sich geschwind
Beliebte Bauernregeln
(**1267**-5) Von G. Haddenbach, ca. 80 Seiten, ca. 30 zweifarbige Illustrationen, kart. ●

Beliebte Verse fürs Poesiealbum
Rosen, Tulpen, Nelken . . .
(**0431**-1) Von W. Pröve, 96 Seiten, 11 Faksimile-Abbildungen, kartoniert. ●

Verse fürs Poesiealbum
(**0241**-6) Von I. Wolter, 120 Seiten, 20 Abbildungen, kartoniert. ●

Heiter und besinnliche
Verse fürs Poesiealbum
(**1069**-9) Von B. H. Bull, 160 Seiten, 70 zweifarbige Illustrationen, Pappband. ●●

Klassische Verse und Zitate
Für Glückwünsche, Briefe, Reden und Poesiealben
(**1223**-3) Von P. Motzan, 224 Seiten, 40 Abbildungen, Pappband. ●●

Die Kunst der freien Rede
Ein Intensivkurs mit vielen Übungen, Beispielen und Lösungen.
(**4189**-6) Von G. Hirsch, 232 Seiten, 11 Zeichnungen, Pappband. ●●●

Trinksprüche, Gästebuchverse, Richtsprüche
(**0224**-6) Von D. Kellermann, 96 Seiten, kartoniert. ●

Glückwünsche, Toasts und Festreden zu Polterabend und Hochzeit
(**0264**-5) Von I. Wolter, 112 Seiten, 18 Zeichnungen, kartoniert. ●

5

Trinksprüche und Festreden
(**1321**-3) Von L. Metzner, 144 S., 13 zweifarbige Zeichnungen, Pappband. ●●

Grußworte
für Gemeindefeiern, Vereinsjubiläen und andere offizielle Anlässe
(**4741**-X) Von M. Adam, 192 S., Pappbd. ●●

Moderne Reden und Ansprachen
(**4742**-8) Von M. Adam, 464 Seiten, Pappband. ●●●●

Reden zu Familienfesten
(**0675**-6) Von G. Georg, 112 S., kartoniert. ●

Reden im Verein
Musteransprachen für viele Gelegenheiten
(**0703**-5) Von G. Georg, 112 S., kartoniert. ●

Reden zum Jubiläum
Musteransprachen für viele Gelegenheiten
(**0595**-4) Von G. Georg, 112 S., kartoniert. ●

Reden und Sprüche zu Grundsteinlegung, Richtfest und Einzug
(**0598**-0) Von A. Bruder, G. Georg, 96 Seiten, kartoniert. ●

Die überzeugende Rede
Mehr Erfolg durch bessere Rhetorik
(**0076**-6) Von K. Wolter, G. Kunz, 96 Seiten, kartoniert. ●

Moderne Korrespondenz
Handbuch für erfolgreiche Briefe
(**4014**-8) Von H. Kirst und W. Manekeller, 544 Seiten, Pappband. ●●●●

Musterbriefe
für alle Gelegenheiten.
(**0231**-9) Hrsg. von O. Fuhrmann, 240 Seiten, kartoniert. ●●

Der moderne Brief
Geschäfts- und Privatkorrespondenz empfängerorientiert schreiben
(**1440**-0) Von Dr. G. Reinert-Schneider, 112 S., 44 s/w-Zeichn., kartoniert. ●

Geschäftsbriefe
zeitgemäß und stilsicher
(**1323**-X) Von G. Briese-Neumann, 152 S., kartoniert. ●

Geschäftliche Briefe
für Privatleute, Handwerker und Kaufleute
(**0041**-3) Von G. Briese-Neumann, ca. 120 S., kartoniert. ●

Einladungen texten und gestalten
(**1484**-8) Von R. Zey und A. Bellingen, ca. 80 S., kartoniert. ●

Privatbriefe
Muster für alle Gelegenheiten.
(**0114**-2) Von I. Wolter-Rosendorf, 112 S., kart. ●

Erfolgstips für den Schriftverkehr
Briefgestaltung · Rechtschreibung · Zeichensetzung · Stil. (**0678**-0) Von U. Schoenwald, 112 Seiten, kartoniert. ●

Behördenkorrespondenz
Musterbriefe · Anträge · Einsprüche
(**0412**-5) Von E. Ruge, 112 S., kart. ●●

Worte und Briefe der Anteilnahme
(**0464**-8) Von E. Ruge, M. Adam, 88 Seiten, mit vielen Abbildungen, kartoniert. ●

Briefe zu Geburt und Taufe
Glückwünsche und Danksagungen. (**0802**-3) Von H. Beitz, 96 S., 12 Zeichnungen, kart. ●

FALKEN Rechtsberater
Fallbeispiele · Musterbriefe · Gerichtsurteile
(**4734**-7) Hrsg. S. von Hasseln, 756 Seiten, Pappband. ●●●●

Alles, was man über Erziehungsgeld, Mutterschutz, Erziehungsurlaub wissen muß
Das neue Recht für Eltern
(**0835**-X) Von K. Möcks, A. Schmitt, 144 S., kartoniert. ●

Alles, was man über die nichteheliche Lebensgemeinschaft wissen muß
(**1071**-0) Von T. Drewes, 104 Seiten, 8 s/w-Zeichnungen, kartoniert. ●●

Scheidung und Unterhalt
nach dem neuen Eherecht.
(**0403**-6) Von T. Drewes, 112 S., mit Kosten und Unterhaltstabellen, kartoniert. ●●

Alles, was man über Eheverträge wissen muß
(**1483**-X) Von T. Münster, 128 Seiten, kartoniert. ●●

Alles, was man über Scheidung und Unterhalt wissen muß
(**1264**-0) Von T. Drewes, 128 Seiten, kartoniert. ●●

Alles, was man über Renten wissen muß
Mit Rentenreformgesetz 1992
(**1265**-9) Von K. Möcks, A. Schmitt, 112 Seiten, kartoniert. ●●

Rasthaus-Ratgeber
Kinder haben keine Bremse
Verkehrserziehung für Kinder ab 3 Jahren
(**1497**-0) Von H.-D. Barth, 80 S, durchgehend vierfarbig, kartoniert. ●●

Rasthaus-Ratgeber
Stop dem Autoklau
Die wirksamsten Methoden gegen Autodiebstahl
(**1485**-6) Von M. Maurer, 64 Seiten, durchgehend vierfarbig, kartoniert. ●●

Rasthaus-Ratgeber
Gebrauchtwagenkauf
Auswahl · Bewertung · Kaufvertrag
(**1498**-8) Von U. Traub, 80 Seiten, durchgehend vierfarbig, kartoniert. ●●

Wolfgang Büsers Erfolgstips
Rentenreform '92
(**1244**-6) Von W. Büser, 80 S., kartoniert. ●

Wolfgang Büsers Erfolgstips
Teilzeitarbeit
(**1266**-7) Von W. Büser, 80 S., kartoniert. ●●

Wolfgang Büsers Erfolgstips
(Lohn-) Einkommensteuer '92
Aktuell: Zinssteuer '93
(**1324**-8) Von W. Büser, 176 S., kartoniert. ●●

Vermögensbildung mit System
Anlageformen · Strategien · Praxistips
(**1445**-7) Von W. Schwanfelder, 160 Seiten, kartoniert. ●●

Alles, was man über BAföG wissen muß
(**1387**-6) Von A. Mengeringhausen, 144 Seiten, kartoniert. ●●

Testament und Erbschaft
Erbfolge, Rechte und Pflichten der Erben, Erbschafts- und Schenkungssteuer, Mustertestamente. (**4139**-X) Von T. Drewes, R. Hollender, 304 Seiten, Pappband. ●●●

Erbrecht und Testament
(**0046**-4) Von H. Wandrey, 124 S., kart. ●

Alles, was man über Testament und Erbschaft wissen muß
(**0939**-9) Von T. Drewes, 136 Seiten, 9 s/w-Zeichnungen, kartoniert. ●●

Mietrecht
Leitfaden für Mieter und Vermieter
(**0479**-6) Von J. Beuthner, 196 S., kart. ●●

Haushaltstips
praktisch und umweltfreundlich
(**1046**-X) Von K. Winkell, 96 Seiten, 36 Zeichnungen, kartoniert. ●

Texte für den Anrufbeantworter
(**1389**-2) Von G. Kunz, 80 S., 12 s/w-Zeichnungen, kartoniert. ●

Alles, was man über den Umgang mit Behörden wissen muß
(**1390**-6) Von K. Möcks, A. Schmitt, 132 Seiten, kartoniert. ●●

Wege zum Börsenerfolg
Aktien · Anleihen · Optionen
(**4275**-2) Von H. Krause, 252 S., 4 s/w-Fotos, 86 Zeichnungen, Pappband. ●●●

Wörter und Unwörter
Sinniges und Unsinniges der deutschen Gegenwartssprache
(**1401**-7) Hrsg. Gesellschaft für deutsche Sprache, 176 Seiten, kartoniert. ●●●

Richtige Groß- und Kleinschreibung
durch neue, vereinfachte Regeln. Erläuterungen der Zweifelsfragen anhand vieler Beispiele.
(**0897**-X) Von Prof. Dr. Ch. Stetter, 96 Seiten, kartoniert. ●●

Gutes Deutsch schreiben und sprechen
(**4432**-1) Von W. Manekeller, Dr. G. Reinert-Schneider, 416 S., durchgehend zweifarbig, Pappband. ●●●●

Mehr Erfolg in der Schule
Deutsche Rechtschreibung und Grammatik
Übungen und Beispiele für die Klassen 5–10.
(**4407**-0) Von K. Schreiner, 256 S., durchgehend zweifarbig, Pappband. ●●●

Diktate besser schreiben
Übungen zur Rechtschreibung für die Klassen 4 bis 8
(**0469**-9) Von K. Schreiner, 152 S., 31 Zeichnungen, kartoniert. ●●

Deutsche Grammatik
Ein Lern- und Übungsbuch
(**0704**-3) Von K. Schreiner, 122 S., kart. ●●

Aufsätze besser schreiben
Förderkurs für die Klassen 4 – 10
(**0429**-X) Von K. Schreiner, 144 Seiten, 31 Abb., kartoniert. ●●

Mehr Erfolg in der Schule
Der Deutschaufsatz
Übungen und Beispiele für die Klassen 5 – 10.
(**4271**-X) Von K. Schreiner, 240 S., 4 s/w-Fotos, 51 Zeichnungen, Pappband. ●●●

Mehr Erfolg in der Schule
Deutsch
Textinterpretation, Literaturgeschichte und Stilkunde
(**4483**-6) Von K. Schreiner, 272 S., 43 zweifarbige Zeichnungen, Pappband. ●●●●

Gedächtnistraining mit Eselsbrücken
(**1388**-4) Von W. Ettig, 96 S., 36 s/w-Zeichnungen, kartoniert. ●●

Geschichte
Von der Französischen Revolution bis zur Gegenwart
(**4723**-1) Von K. Schreiner, 256 S., 50 s/w-Fotos, 10 Farbzeichnungen, 6 zweifarbige Landkarten, Pappband. ●●●●

Geographie
Natürliche Grundlagen · Gestaltung der Umwelt · Die Staaten der Erde
(**4724**-X) Von V. Disch, 256 S., ca. 40 Karten und Grafiken, Pappband. ●●●●

Mehr Erfolg in der Schule
Mathematik 1
Arithmetik und Algebra. Übungen, Beispiele und Lösungen für die Klassen 5 bis 10.
(**4420**-8) Von R. Müller-Fonfara, 256 Seiten, 193 Zeichn., 2 s/w-Fotos, Pappband. ●●●●

Mehr Erfolg in der Schule
Mathematik 2
Geometrie, Statistik, Wahrscheinlichkeitsrechnung und kaufmännisches Rechnen
(**4456**-9) Von R. Müller-Fonfara, W. Scholl, 256 Seiten, 4 s/w-Fotos, 304 Zeichnungen, Pappband. ●●●●

Mathematische Formeln für Schule und Beruf
Mit Beispielen und Erklärungen.
(**0499**-0) Von R. Müller-Fonfara, 156 Seiten, 210 Zeichnungen, kartoniert. ●●

Schülerlexikon der Mathematik
Formeln, Übungen und Begriffserklärungen für die Klassen 5 – 10
(**0430**-3) Von R. Müller-Fonfara, 176 Seiten, 96 Zeichnungen, kartoniert. ●●

Mehr Erfolg in der Schule
Mathematik 3
Analysis, analytische Geometrie und lineare Algebra
(**4541**-7) Von R. Müller-Fonfara, W. Scholl, 240 Seiten, 140 zweifarbige Grafiken, Pappband. ●●●●

Mehr Erfolg in der Schule
Mathematik 4
Für die Klassen 11 bis 13
(**4701**-0) Von R. Müller-Fonfara, W. Scholl, 240 Seiten, 91 Zeichnungen, 3 s/w-Fotos, Pappband. ●●●●

Mathematik-Textaufgaben leicht gelöst
Aufgaben · Lösungsstrategien · Anwendungsbeispiele
(**1022**-2) Von R. Müller-Fonfara, 128 Seiten, 4 Zeichnungen, kartoniert. ●●

Rechnen aufgefrischt für Schule und Beruf.
(**0100**-2) Von H. Rausch, 144 S., kartoniert. ●

Besseres Englisch
Grammatik und Übungen für die Klassen 5 bis 10.
(**0745**-0) Von E. Henrichs, 144 S., kart. ●●

Mehr Erfolg in der Schule
Englisch
Textinterpretationen
(**4518**-2) Von E. Henrichs-Kleinen, 256 S., Pappband. ●●●●

Mehr Erfolg in der Schule
Englische Grammatik
Regeln und Übungen für die Klassen 5 bis 10
(**4431**-3) Von E. Henrichs-Kleinen, 256 S., durchgehend zweifarbig, Pappband. ●●●●

Besseres Französisch
Grammatik und Übungen für die Klassen 9 bis 11
(**1039**-7) Von R. Lübke, 114 S., durchgehend zweifarbig, kartoniert. ●●

Mehr Erfolg in der Schule
Französische Grammatik
Für die Klassen 7 bis 13
(**4703**-7) Von R. Lübke, ca. 256 S., durchgehend zweifarbig, Pappband. ●●●●

Schnell und sicher zum Führerschein
Tips und Tricks aus 30jähriger Fahrlehrer-Praxis.
(**1232**-2) Von O. Einert, 152 S., 156 Fotos, 161 z.T. farb. Zeichnungen, kartoniert. ●●

Die aktuellen Prüfungsfragen und Prüfungsbogen für die Führerschein Klasse 3
(**1490**-2) 104 Seiten, 371 Farbfotos, kart. ●●

Der Test-Knacker bei Führerscheinverlust
(**1262**-4) Von T. Rieh, 128 S., kartoniert. ●●

Erfolgreiche Bewerbung um einen Ausbildungsplatz
(**0715**-9) Von H. Friedrich, 128 S., kartoniert. ●●

Bewerbungsstrategien
Erfolgreiche Konzepte für Karrierebewußte
(**1027**-3) Von Dr. W. Reichel, 128 S., kart. ●●

Karriereplanung mit System
Bewerbungsstrategien für Frauen
(**4455**-0) Von R. Ibelgaufts, 144 Seiten, 20 Cartoons, Pappband. ●●

Die Bewerbung
Der moderne Ratgeber für Bewerbungsbriefe, Lebenslauf und Vorstellungsgespräche.
(**4138**-1) Von M. Manekeller, 264 Seiten, Pappband. ●●●●

Die erfolgreiche Bewerbung
Bewerbung und Vorstellung
(**0173**-8) Von W. Manekeller, U. Schoenwald, 144 Seiten, kartoniert. ●●

Lebenslauf und Bewerbung
Beispiele für Inhalt, Form und Aufbau
(**0428**-1) Von H. Friedrich, 112 S., kart. ●●

Bewerbungsbriefe und Stellengesuche
Für handwerkliche, gewerblich-technische und kaufmännische Berufe
(**0138**-5) Von Dr. W. Reichert, 96 S., kart. ●

Das überzeugende
Vorstellungsgespräch
Erfolgreiche Strategien für den ersten Eindruck
(**1261**-6) Von R. Ibelgaufts, 144 S., kart. ●●

Vorstellungsgespräche
sicher und erfolgreich führen.
(**0636**-5) Von H. Friedrich, 144 Seiten, kart. ●

Einstellungstests und andere Methoden der Bewerberauswahl
(**1263**-2) Von Dr. R. Hilke, H. Hustedt, 160 S., 27 Zeichnungen, kartoniert. ●●

Keine Angst vor Einstellungstests
Ein Ratgeber für Bewerber.
(**0793**-6) Von Ch. Titze, 120 Seiten, 67 Zeichnungen, kartoniert. ●●

Assessment Center
Erfolgstips und Übungen für Bewerber
(**1385**-X) Von H. Beitz und A. Loch, ca. 128 S., kartoniert. ●●

Berufsstart für Hochschulabsolventen
Erfolgsstrategien für Bewerbung und Vorstellung
(**1482**-1) Von Dr. W. Reichel, ca. 144 S., kart. ●●

freundin Ratgeber
Psychoterror am Arbeitsplatz
Mobbing
(**1434**-1) Von B. Huber, 160 S., kartoniert. ●●

freundin Ratgeber
Frau mit Kind
Leitfaden für Alleinerziehende
(**1476**-7) Von G. Teusen, ca. 144 S., kart. ●●

freundin
Kind und Beruf:
(K)ein Problem
(**1322**-1) Von I. Weber, 168 Seiten, 14 Zeichnungen, kartoniert. ●●

freundin Ratgeber
Neu im Job:
So überzeugen Sie
(**1259**-4) Von G. Teusen, 160 S., kart. ●●

Die ersten Tage am neuen Arbeitsplatz
Ratschläge für den richtigen Umgang mit Kollegen und Vorgesetzten.
(**0855**-4) Von H. Friedrich, 104 Seiten, kart. ●

Zeugnisse im Beruf
richtig schreiben, richtig verstehen
(**0544**-X) Von H. Friedrich, 112 Seiten, kart. ●

Arbeitszeugnisse
verstehen und interpretieren
(**1444**-9) Von A. Nasemann, 136 S., kart. ●●

So lernt man leicht und schnell
Maschinenschreiben
Lehrbuch für Schulen, Lehrgänge und Selbstunterricht. (**0568**-7) Von M. Kempkes, 112 S., 48 Zeichnungen, kartoniert. ●●

FALKEN-Software
Maschinenschreiben und Tastaturtraining für Computer
(**7009**-8) Von B. Hoppius, Diskette 5 1/4″ u. 3 1/2″ für IBM-PC + Kompatibel, mit Begleitheit. ●●●●●

Leicht und schnell gelernt
Maschinenschreiben im Selbstunterricht
(**0170**-3) Von O. Fonfara, 88 S., kartoniert.●

Buchführung leicht gemacht
Ein methodischer Grundkurs für den Selbstunterricht (**4238**-8) Von D. Machenheimer, R. Kersten, 252 Seiten, Pappband. ●●●●

Buchführung leicht gefaßt
Für Handwerker, Gewerbetreibende und freiberuflich Tätige.
(**0127**-4) Von R. Pohl, 104 S., kartoniert. ●

Stenografie leicht gelernt
im Kurus für den Selbstunterricht
(**0266**-1) Von H. Kaus, 64 S., kartoniert. ●

Gitarre spielen
Ein Grundkurs für den Selbstunterricht
(**0534**-2) Von A. Roßmann, 96 S., 1 Schallfolie, 150 Zeichnungen, kartoniert. ●●●

FALKEN & HOHNER: Workshop Musik
Gitarre spielen
Folk, Blues, Pop, Rock auf der akustischen Gitarre
Für Anfänger und Wiedereinsteiger
(**1437**-6) Von W. Ruß, ca. 80 S., Begleit-CD ca. 60 Min. Spieldauer, zahlreiche Illustrationen und Fotos, kartoniert. ●●●●

FALKEN & HOHNER: Workshop Musik
Keyboard spielen
Pop & Rock
Für Anfänger und Wiedereinsteiger
(**1435**-X) Von M. Lonardoni, ca. 80 Seiten, Begleit-CD, ca. 60 Min. Spieldauer, zahlreiche Illustrationen und Fotos, kartoniert. ●●●●

FALKEN & HOHNER: Workshop Musik
Singen
In Chor, Singgruppe und solo
Für Anfänger und Wiedereinsteiger
(**1436**-8) Von W. Layer, ca. 80 S., Begleit-CD ca. 60 Min. Spieldauer, zahlreiche Illustrationen und Fotos, kartoniert. ●●●●

Faszinierendes Erlebnis
Tierwelt
(**4706**-1) Von U. und W. Dolder, 196 Seiten, 314 Farbzeichnungen, Pappband. ●●●●

Das große Buch der
Antworten auf Kinderfragen
(**4477**-1) Von H. Hofmann, U. Kopp, G. Jankovics u.a., 192 Seiten, 308 Farbzeichnungen, Pappband. ●●●●

FALKEN LEXIKON
Das Wissen unserer Zeit
(**4736**-3) Hrsg. Lexikographisches Institut, 1008 Seiten, 685 Farbfotos, 1142 Farbzeichn., Pappband. ●●●●

Das neue, farbige
Jugendlexikon
(**4472**-0) Von J. Frey, D. Rex, 304 Seiten, 269 und 52 s/w-Fotos, 6 Farbzeichnungen, Pappband. ●●●●

Das große farbige Kinderlexikon
(**4195**-0) Von U. Kopp, 320 S., 493 Farbabbildungen, 17 s/w-Fotos, Pappband. ●●●●

Kinder-Überraschung
(**1499**-6) Von M. Semmel, ca. 80 Seiten, durchgehend vierfarbig, kartoniert. ●●

Briefmarken sammeln
(**0481**-8) Von D. Stein, 120 S., 4 Farbtafeln, 98 s/w-Abbildungen, kartoniert. ●

Telefonkartenlexikon für Sammler
(**1406**-6) Von M. Burzan, ca. 160 Seiten, zahlreiche Farbabbildungen, kartoniert. ●●●

Telefonkarten sammeln
Serien · Preise · Sammeltips
(**1326**-4) Von M. Burzan, 128 S., 251 Farbfotos, kartoniert. ●●

Die Handschrift als Spiegel des Charakters
Graphologie
(**1025**-7) Von Dr. W. Busch, 104 S., 87 Schriftproben, kartoniert. ●●

Familienforschung · Ahnentafel · Wappenkunde
Wege zur eigenen Familienchronik
(**0744**-2) Von P. Bahn, 128 S., 8 Farbtafeln, 30 Abbildungen, kartoniert. ●●

Familienforschung und Wappenkunde
(**4485**-2) Von P. Bahn, 224 S., 114 zweifarbige Abbildungen, Pappband. ●●●●●

freundin Ratgeber
Frauen allein auf Reisen
(**1260**-8) Von H. Guilino, 192 S., 7 Zeichnungen, kartoniert. ●●

Brain Building
Das Supertraining für Gedächtnis, Logik, Kreativität
(**4704**-5) Von M. vos Savant, 256 Seiten, Pappband. ●●●

7

Traumdeutung
Die Bildersprache unserer Traumwelt entschlüsseln
(**4486**-0) Von G. Fink, 384 Seiten, 74 zweifarbige Fotos, Pappband. ●●●●

Kinderträume
Ein Ratgeber für Eltern
(**4505**-0) Von G. Fink, 176 S., 6 s/w-Zeichnungen, Pappband. ●●●

Wahrsagen
mit den Karten der Madame Lenormand
(**1328**-0) Von B. A. Mertz, 108 Seiten, 39 s/w-Abbildungen, kartoniert. ●●

Die 12 Tierzeichen
Chinesisches Horoskop
(**0423**-0) Von G. Haddenbach, 88 Seiten, kartoniert. ●

Partnerschaftshoroskop
Glück und Harmonie mit Ihrem Traumpartner.
(**0587**-3) Von G. Haddenbach, 112 Seiten, 11 Zeichnungen, kartoniert. ●

Im Zeichen der Sterne
(**0951**-8) Der feurige Widder
(**0952**-6) Der willensstarke Stier
(**0953**-4) Die vielseitigen Zwillinge
(**0954**-2) Der feinfühlige Krebs
(**0955**-0) Der königliche Löwe
(**0956**-9) Die zuverlässige Jungfrau
(**0957**-7) Die charmante Waage
(**0958**-5) Der leidenschaftliche Skorpion
(**0959**-3) Der temperamentvolle Schütze
(**0960**-7) Der treue Steinbock
(**0961**-5) Der selbstbewußte Wassermann
(**0962**-3) Die romantischen Fische
Von G. Haddenbach, 64 Seiten, 35 Farbfotos, Pappband. ●

Das neue FALKEN
Computerlexikon
(**4356**-2) Von Dr. B. Kopp, 336 S., 121 s/w-Fotos, 184 Computergrafiken, Pappbd. ●●●●

Computer-Grundwissen
Eine Einführung in Funktion und Einsatzmöglichkeiten
(**4359**-7) Von Chr. T. Wolff, 176 S., 182 Farbfotos, kartoniert. ●●●●
(**4358**-0) Pappband. ●●●●

Der PC
(**4732**-0) Von U. u. H. Freund, 336 Seiten, 386 Farbfotos, Pappband. ●●●●●

freundin
Das Computerbuch für Frauen
(**4372**-4) Von M. Thiel, 176 S., 102 Farbfotos, 73 Zeichnungen, kartoniert. ●●●●

Desktop Publishing: Typografie und Layout Seiten gestalten am PC · für Einsteiger und Profis
(**4330**-9) Von Dr. H. D. Baumann, M. Klein, 320 S., zahlreiche zweifarbige Abbildungen, Pappband. ●●●●●

PC HELP!
Wissenschaftliche Texte mit Word 5.5
(**4360**-0) Von P. Vogel, 80 S., 34 zweifarbige Screenshots, kartoniert. ●●

PC HELP!
Praktische Computernutzung mit Works 2.0
(**4369**-4) Von A. Görgens, 72 Seiten, 64 zweifarbige Screenshots, kartoniert. ●●

PC HELP!
DFÜ mit dem PC
(**4370**-8) Von M. Hofmann, 88 Seiten, 41 zweifarbige Screenshots, kartoniert. ●●

PC HELP!
Zeichnen mit dem PC
(**4361**-9) Von M. Hofmann, 88 S., 57 zweifarbige Screenshots, kartoniert. ●●

PC HELP!
Präsentation mit dem PC
(**4368**-6) Von M. Hofmann, 96 S., 47 zweifarbige screenshots, kartoniert. ●●

PC HELP!
CONFIG. SYS. und AUTOEXEC. BAT
Optimale Systemkonfiguration
(**4338**-4) Von A. Görgens, 64 S., ca. 50 s/w-Abbildungen und Grafiken, kartoniert. ●●

PC HELP!
DOS-Kommandos richtig nutzen
(**4339**-2) Von A. Görgens, 64 S., ca. 50 s/w-Abbildungen und Grafiken, kartoniert. ●●

PC HELP!
Die ersten Schritte mit dem PC
(**4344**-9) Von P. Vogel, H. Ebsen, 64 S., ca. 50 s/w-Abb. und Grafiken, kartoniert. ●●

PC HELP!
Mehr Speicher unter DOS nutzen
(**4345**-7) Von K. O. Kuhl, 64 S., ca. 50 s/w-Abbildungen und Grafiken, kartoniert. ●●

PC HELP!
Viren erkennen und beseitigen
(**4346**-5) Von M. Hofmann, 64 S., ca. 50 s/w-Abbildungen und Grafiken, kartoniert. ●●

DTP-Lexikon für die Praxis
(**4373**-2) 136 S., 55 s/w-Fotos, kart. ●●●

Gestalten mit Pagemaker für Windows
(**4375**-9) Von M. Hofmann, R. Titius, 116 S., 53 zweifbg. screenshots, kartoniert. ●●

Präsentationsprogramme richtig nutzen
(**4376**-7) Von M. Hofmann, 96 S., 60 zweifarbige screenshots, kartoniert. ●●

Datenaustausch 1
(**4378**-3) Von M. Hofmann, 104 Seiten, 63 zweifarbig. screenshots, kartoniert. ●●

Datenaustausch 2
(**4379**-1) Von M. Hofmann, 96 S., 34 zweifarbige screenshots, kartoniert. ●●

Update
MS-DOS 6.0
Beilage: Kurzreferenz
(**4385**-6) Von M. Hofmann, 136 S., 55 s/w-Fotos, kartoniert. ●●●

PC-Pannen selbst beheben
Hardware · Software
(**4383**-X) Von M. Hofmann, 144 S., kart. ●●●

Windows für Workgroups
(**4381**-3) Von P. Vogel, 80 S., 40 Screenshots, kartoniert. ●●

Essen und Trinken

Rezepte für 1 Person
(**1294**-2) Hrsg. M. Sauerborn, 64 S., 75 Farbfotos, kartoniert. ●

Schnell und individuell
Die raffinierte Single-Küche
(**4266**-3) Von F. Faist, 160 S., 151 Farbfotos, Pappband. ●●●●

Frischer Fang aus Fluß und Meer
Fisch
(**0964**-X) Von L. Grieser, 48 S., 52 Farbfotos, Pappband. ●●

Fischgerichte
(**1448**-1) Hrsg.: S. Koch, 64 S., ca. 50 Farbfotos, kartoniert. ●

Zart und edel
Lachs
(**1403**-1) Von H. Imhof, 64 S., 49 Farbfotos, kartoniert. ●

Geflügelgerichte
(**1348**-5) Von F. Meyer zu Stieghorst, 64 S., 71 Farbfotos, kartoniert. ●

Gaumenfreuden Tag für Tag
Pfannengerichte
(**1007**-9) Von S. Fabke, 64 S., 54 Farbfotos, Pappband. ●

Köstliches für Genießer
Fleischgerichte
(**4699**-5) Von F. Stein, 144 S., ca. 100 Farbfotos, gebunden. ●●●

Schnitzel, Steaks & Co.
(**1417**-1) Von N. Frank, 64 Seiten, 68 Farbfotos, kartoniert. ●

Köstliches aus dem Tontopf
(**1332**-9) Hrsg. S. Kieslich, 64 Seiten, 55 Farbfotos, kartoniert. ●

Suppen und Eintöpfe
(**1449**-X) Hrsg.: S. Koch, 64 S., ca. 50 Farbfotos, kartoniert. ●

Aus eigener Küche
Gute Wurst
(**0948**-8) Von J. Bessel, G. Quaas, 80 Seiten, 8 Farbtafeln, kartoniert. ●

Aus lauter Lust und Liebe
Knoblauch
(**0867**-8) Von L. Reinirkens, 64 S., 45 Farbfotos, Pappband. ●●

Bintje, Irmgard und Sieglinde
Kartoffeln
(**1032**-X) Von S. Fabke, 64 S., 43 Farb- und 1 s/w-Foto, Pappband. ●

Kartoffelgerichte
(**1297**-7) Hrsg. I. Feldhaus, 64 S., 64 Farbfotos, kartoniert. ●

Nudelgerichte
(**1293**-4) Hrsg. E. Fuhrmann, 64 S., 66 Farbfotos, kartoniert. ●

Pasta in Höchstform
Nudeln
(**0884**-5) Von M. Kirsch, 64 S., 62 Farbfotos, Pappband. ●

Spezialitäten unter knuspriger Decke
Aufläufe
(**0882**-1) Von C. Adam, 48 S., 33 Farbfotos, Pappband. ●●

Aufläufe
(**1295**-0) Hrsg. E. Fuhrmann, 64 S., 62 Farbfotos, kartoniert. ●

Die Krönung der feinen Küche
Saucen
(**0817**-1) Von G. Cavestri, 48 S., 40 Farbfotos, Pappband. ●●

Gemüsegerichte
(**1347**-7) Hrsg. E. Fuhrmann, 64 S., 58 Farbfotos, kartoniert. ●

Gemüseaufläufe
(**1365**-5) Hrsg. E. Fuhrmann, 64 S., 58 Farbfotos, kartoniert. ●

Die schönsten Rezepte für
Frühstück und Brunch
(**1063**-X) Von K. Kruse-Schorling, 80 Seiten, 8 Farbtafeln, kartoniert. ●

Schnelle Küche
Für 2 Personen
(**4718**-5) freundin-Kochstudio, 80 Seiten, 105 Farbf., Pappband. ●●

Kochen auf der richtigen Welle im
Grill-Mikrowellengerät
(**1395**-7) Von T. Peters, 96 S., 79 Farbfotos, kartoniert. ●●

Fritieren
(**1350**-7) Hrsg. I. Teitge, 64 S., 62 Farbf., kart. ●

Schnell auf den Tisch gezaubert
Kochen mit Mikrowellen
(**0818**-X) Von A. Danner, 64 S., 52 Farbfotos, Pappband. ●

Italienische Vorspeisen **Antipasti**
(**1006**-0) Von S. Reiter-Westphal, 64 Seiten, 47 Farbfotos, Pappband. ●●

Mexikanische Küche
(**1439**-2) Von C. Zingerling, 64 S., ca. 50 Farbfotos, kartoniert. ●

Italienische Küche
(**1299**-3) Hrsg. E. Fuhrmann, 64 S., 65 Farbfotos, kartoniert. ●

Schlemmereise durch die
Italienische Küche
(**4172**-1) Von V. Pifferi, 160 S., 109 Farbfotos, Pappband. ●●●●

Spaghetti, Tagliatelle + Co.
Pasta all'Italiana
(1004-X) Von I. Seyric, 64 S., 57 Farbfotos, Pappband. ●●

Pizza
(1352-3) Hrsg. M. Sauerborn, 64 S., 72 Farbfotos, kartoniert. ●

Tradition mit Charme
Wiener Spezialitäten
(1343-4) Von G. Scolik, 64 S., 46 Farbfotos, Pappband. ●●

Schlemmerreise durch die
Französische Küche
(4296-5) Von H. Imhof, 160 S., 147 Farbfotos, 3 s/w-Fotos, Pappband. ●●●●

Schlemmerreise durch die
Spanische Küche
(4500-X) Von A. Puente, 160 S., ca. 120 Farbfotos, Pappband. ●●●●

Vom Bosporus über Ararat
Türkische Spezialitäten
(1191-1) Von S. Dogan, 64 S., 44 Farbfotos, Pappband. ●●

Indische Küche
(1404-X) Von C. Zingerling, 64 S., 64 Farbfotos, kartoniert. ●

Schlemmerreise durch die
Thailändische Küche
(4722-3) Von C. Zingerling, 144 Seiten, 164 Farbfotos, Pappband. ●●●●

Köstlich fernöstlich
Asiatische Spezialitäten
(1286-1) Von M. Carroll, E. Mognol, 64 S., 49 Farbfotos, Pappband. ●●

Chinesische Küche
(1289-6) Hrsg. M. Sauerborn, 64 S., 73 Farbfotos, kartoniert. ●

Schlemmerreise durch die
Chinesische Küche
(4184-5) Von K. H. Jen, 160 S., 117 Farbfotos, Pappband. ●●●

Gerichte aus dem
Wok
(1291-1) Hrsg. M. Sauerborn, 64 S., 76 Farbfotos, kartoniert. ●

Mit Lust und Liebe **Chinesisch Kochen**
(4441-0) Von Ho Fu-Lung, Uli Franz, 176 Seiten, 189 Farbfotos, 29 Zeichnungen, Pappband. ●●●●

Fernöstliche Küche
(1384-1) Hrsg. R. Faller, 64 S., 73 Farbfotos, kartoniert. ●

Rezepte für Tisch- und Gartengrill
(1351-3) Hrsg. V. Müller, 64 S., 59 Farbfotos, kartoniert. ●

Braten auf dem heißen Stein
(1300-0) Hrsg. R. Donhauser, 64 S., 56 Farbfotos, kartoniert. ●

Rezepte rund um Raclette und Doppeldecker
(0420-6) Von J.W. Hochscheid, 72 S., 8 Farbtafeln, kartoniert. ●

Schlemmen in geselliger Runde
Fleischfondues
(0966-6) Von M. Spötter, 64 S., 62 Farbfotos, Pappband. ●●

Fondues und Raclettes
(4253-1) Von F. Faist, 160 S., 125 Farbfotos, Pappband. ●●●●

Fondues
(1298-5) Hrsg. E. Meyer zu Stieghorst, 64 S., 69 Farbfotos, kartoniert. ●

Rezepte fürs Raclette
(1290-X) Hrsg. S. Kieslich, 64 Seiten, 59 Farbfotos, kartoniert. ●

Raclette-Spezialitäten
(0881-3) Von F. Faist, 48 S., 33 Farbfotos, Pappband. ●

Knackige Salate
(1441-4) Hrsg.: S. Kieslich, 64 S., ca. 50 Farbfotos, kartoniert. ●

Gartenfrisch genießen
Feine Salate
(4450-X) Von P. Nikolay, 160 S., 122 Farbfotos, Pappband. ●●●●

Köstliche Salate
zum Verwöhnen
(0222-X) Von Chr. Schönherr, 96 S., 8 Farbtafeln, 30 Zeichnungen, kartoniert. ●

Salate
(1346-9) Hrsg. E. Fuhrmann, 64 S., 62 Farbfotos, kartoniert. ●

Frisch und leicht als Hauptgericht
Schlemmersalate
(0934-8) Von C. Adam, 64 S., 49 Farbfotos, kartoniert. ●

Gesund und vielseitig **Alles mit Joghurt**
täglich selbstgemacht, mit vielen Rezepten
(0382-X) Von G. Volz, 64 S., 8 Farbtafeln, kartoniert. ●

Marmeladen, Gelees und Kompotte
(1442-2) Hrsg.: F. Stein, 64 S., ca. 50 Farbfotos, kartoniert. ●

Gesunde Ernährung für mein Kind
(0776-6) Von M. Bustorf-Hirsch, 112 Seiten, 8 Farbtafeln, 5 s/w-Zeichnungen, kartoniert. ●●

Eßschule
Gesunde Ernährung für Kinder im Grundschulalter
(1314-0) Von A. Roßmeier, 80 Seiten, 44 Farbfotos, 50 farbige Vignetten, Pappband. ●

Lieblingsgerichte für Kinder
Mit Sonderteil: Gesunde Kost für Babys ab 6 Monaten
(4497-6) Von G. Righi-Spanfellner, 112 S., 27 Farbzeichnungen, Pappband. ●●●

Das essen Kinder gern
(1405-8) Hrsg. S. Faust, 64 S., 80 Farbfotos, kartoniert. ●

Mit Lust und Liebe
Vollwertküche für Genießer
(4412-4) Von Prof. Dr. C. Leitzmann, H. Mann, 256 Seiten, 329 Farbfotos, Pappband. ●●●●

Vegetarisch kochen und genießen
Alle Gerichte für 2 Personen
(4715-0) Von Prof. Dr. C. Leitzmann, K. Dittrich, C. u. G. Kurz, 128 S., 132 Farbfotos, Pappband. ●●●●

Das große FALKEN
Vitaminkochbuch
für Genießer
(4714-2) Von Prof. Dr. troph. M. Hamm, A. Roßmeier, 208 S., 224 Farbfotos, Pappband. ●●

Schmackhafte Vollwertkost ohne tierisches Eiweiß
(0993-3) Von M. Bustorf-Hirsch, 96 Seiten, 54 Farbfotos, kartoniert. ●●

Cholesterinarm kochen und genießen
(4442-2) Von R. Unsorg, 168 S., 132 Farbfotos, kartoniert. ●

Die aktuelle **Cholesterintabelle**
(1088-5) Von Dr. H. Oberritter, 48 Seiten, 12 zweifarbige Grafiken, kartoniert. ●

Die aktuelle Vitamin- und Mineralstofftabelle
Mit Angaben zu den wichtigsten Vitaminen und Mineralstoffen
(1110-5) Von Dr. H. Oberritter, 88 Seiten, 1 zweifarbige Grafik, kartoniert. ●

Die aktuelle E-Zusatzstoff-Tabelle
Über 750 Angaben zu Herkunft, Verwendung und möglichen Nebenwirkungen
(1233-0) Von T. Pilgram, E. Dahl, 80 Seiten, zweifarbig, kartoniert. ●

Vollwertküche für Diabetiker
Köstlich kochen und backen für die ganze Familie
(4473-9) Von Prof. Dr. C. Leitzmann, Prof. Dr. H. Laube, H. Million, 168 S., 172 Farbfotos, 8 Zeichnungen, Pappband. ●●●●

Kochen und backen für Diabetiker
Gesund und schmackhaft für die ganze Familie
(4467-4) Von Prof. Dr. med. M. Toeller, W. Schumacher, A. Groote, Dr. troph. A. Klischan, 176 S., 182 Farbfotos, Pappband. ●●●●

Die Sojaküche
Gesund und abwechslungsreich essen
(0553-9) Von U. Kolster, 80 S., 8 Farbtafeln, kartoniert. ●

Gesund kochen mit Keimen und Sprossen
(0794-9) Von N. Stute, 64 S., 4 Farbtafeln, 13 s/w-Zeichnungen, kartoniert. ●

Waffeln
Hörnchen, Pfannkuchen und Crêpes
(0522-9) Von C. Stephan, 64 S., 8 Farbtafeln, kartoniert. ●

Waffeln
(1296-9) Hrsg. L. Steiger, 64 S., 73 Farbfotos, kartoniert. ●

Fruchtige Pfannkuchen und Crêpes
(1446-5) Von S. Fabke, 64 S., ca. 50 Farbfotos, kartoniert. ●

Mehr Freude und Erfolg beim
Brotbacken
(4148-9) Von A. und G. Eckert, 160 Seiten, 177 Farbfotos, Pappband. ●●●●

Meine Vollkornbackstube
Brot · Kuchen · Aufläufe. (0616-0) Von R. Raffelt, 96 S., 4 Farbtafeln, 12 Zeichnungen, kartoniert. ●

Mit Honig, Nuß und Mandelkern
Weihnachtsplätzchen
(1287-X) Von H. Jaacks, 64 S., 48 Farbfotos, Pappband. ●●

Backen ohne Zucker
(1234-9) Von H. Erkelenz, 80 S., 8 Farbtafeln, kartoniert. ●

Süße Geheimnisse eiskalt gelüftet
Eis und Sorbets
(0870-X) Von H. W. Liebheit, 48 S., 38 Farbfotos, Pappband. ●●

Haltbarmachen in der Öko-Küche
Gesunde Konservierungsmethoden für Obst, Gemüse, Kräuter und Pilze. (0923-2) Von M. Bustorf-Hirsch, 120 S., 92 Farbabbildungen, kartoniert. ●

Komm, koch und back mit mir
Kunterbuntes Kochvergnügen für Kinder.
(4285-X) Von S. und H. Theilig, illustriert von B. v. Hayek, 112 S., 45 Farbabbildungen, Pappband. ●●

Lieblingsgerichte für Kinder
Kerngesund und kunterbunt
(4497-6) Von G. Righi-Spanfellner, 112 Seiten, 27 Farbzeichnungen, Pappband. ●●●

Lirum, larum, Löffelstiel ...
Kinder kochen mit Knuddel
(1094-X) Von U. Bültjer, 80 S., 27 zweifarbige Zeichnungen, kartoniert. ●

Backe, backe Kuchen ...
Kinder backen mit Knuddel
(1301-9) Von U. Bültjer, 64 S., 34 Farbfotos, 60 Farbzeichn., kartoniert. ●

Mit Lust und Liebe
Garnieren und Verzieren
Dekoratives zu vielen Anlässen
(4496-8) Von M. Müller, E. Pratsch, H. Krieg, 160 Seiten, ca. 100 Farbfotos, Pappband. ●●●●

Mit Lust und Liebe **Kalte Platten & Buffets**
Anrichten und Garnieren
(4427-5) Von P. Grotz, 176 S., 228 Farbfotos, Pappband. ●●●●

Köstliches ganz leicht gezaubert
Raffinierte Rezepte rund um den Stabmixer
(**1453**-8) Von U. Kochendörfer, 96 Seiten, 84 Farbfotos, kartoniert. ●●

Garnieren und Verzieren
(**4236**-1) Von R. Biller, 160 S., 329 Farbfotos, 57 Zeichnungen, Pappband. ●●●●

Köstlichkeiten für Gäste und Feste
Kalte Platten
(**4200**-0) Von I. Pfliegner, 160 S., 130 Farbfotos, Pappband. ●●●●

Sandwich, Toasts & Co.
(**1331**-0) Von F. Faist, 64 Seiten, 62 Farbfotos, kartoniert. ●

Quiches, Tartes
und andere pikante Kuchen
(**1407**-4) Hrsg. I. Teitge, 64 S., 70 Farbf., kart. ●

freundin
Snacks
(**4521**-2) Von V. Müller, 80 S., 87 Farbfotos, Pappband. ●●●

Kochen und backen mit Käse
(**1451**-1) Hrsg.: F. Stein, 64 S., ca. 50 Farbfotos, kartoniert. ●

Raffiniert kombiniert, schön dekoriert
Käseplatten
(**1192**-X) Von S. Carlsson, 64 S., 57 Farbfotos, Pappband. ●●

FALKEN
Festival der schön gedeckten Tische
(**4738**-X) Von A. F. Endress, 204 S., 116 Farbfotos, 83 Farbzeichnungen, Pappbd. ●●●●

Der perfekt gedeckte Tisch
(**1028**-1) Von H. Tapper, 80 S., 161 Farbfotos, 13 Zeichnungen, kartoniert. ●●

Der schön gedeckte Tisch
Vom einfachen Gedeck bis zur Festtafel stimmungsvoll und perfekt arrangiert
(**4246**-1) Von H. Tapper, 112 S., 206 Farbfotos, 21 s/w-Abbildungen, Pappband. ●●●

Servietten falten
80 Ideen für schön gedeckte Tische
(**1042**-9) Von M. Müller, O. Mikolasek, 80 S., 289 Farbfotos, 50 Zeichnungen, kart. ●●

Phantasievolle Tischdekorationen selber machen
(**0984**-4) Von Y. Thalheim, H. Nadolny, 80 S., 174 Farbfotos, 21 Zeichnungen, kart. ●●

Servietten dekorativ falten
Geschmackvolle Anregungen aus Stoff und Papier. (**0804**-X) Von H. Tapper, 32 Seiten, 134 Farbfotos, Pappband. ●

Weine und Säfte, Liköre und Sekt
selbstgemacht.
(**0702**-7) Von P. Arauner, 232 S., 76 Abb., kartoniert. ●●

Was Weinfreunde wissen wollen
Fragen und Antworten rund um den Wein (**1224**-1) Von Prof. Dr. K. Röder, H.-G. Dörr, ca. 224 Seiten, kartoniert. ●●

FALKEN Mixbuch
(**4733**-9) Hrsg. P. Bohrmann, 560 Seiten, 227 Farbfotos, Pappband. ●●●

Vitamindrinks
(**1408**-2) Von H. Reith, W. Hubert, 64 Seiten, 68 Farbfotos, kartoniert. ●

Köstlich, cremig, sahnig, frisch
Mixen mit Milch
(**1151**-2) Von S. Carlsson, 64 S., 45 Farbfotos, Pappband. ●

Milchmixgetränke
(**1450**-3) Von S. Carlsson, 64 S., ca. 50 Farbfotos, kartoniert. ●

Cocktails und Drinks
(**1292**-6) Hrsg. S. Kieslich, 64 S., 70 Farbfotos, kartoniert. ●

Bowlen und Punsche
(**1447**-3) Hrsg.: F. Brandl, 64 S., ca. 50 Farbfotos, kartoniert. ●

Fruchtig, spritzig, eisgekühlt
Mixen ohne Alkohol
(**0935**-6) Von S. Späth, 64 S., 44 Farbfotos, Pappband. ●●

Longdrinks
(**1345**-0) Hrsg. E. Meyer zu Stieghorst, 64 S., 79 Farbfotos, kartoniert. ●

Light Drinks
Mixen mit und ohne Alkohol
(**1222**-5) Von S. Edelberg, Heike Reith, 64 S., 48 Farbfotos, kartoniert. ●●

Cocktails
(**4267**-1) Von W. R. Hoffmann, W. Hubert, U. Lottring, 160 S., 164 Farbfotos, 1 s/w-Foto, Pappband. ●●●●

Cocktails und Mixereien
für häusliche Feste und Feiern. (**0075**-8) Von J. Walker, 96 S., 4 Farbtafeln, kartoniert. ●

Das Fitmacher-Kochbuch
(**4698**-7) Von Prof. Dr. troph. M. Hamm, 112 S., ca. 100 Farbfotos, gebunden. ●●●

Schlank und gesund nach Dr. Hay
Schnelle Trennkostküche
(**4746**-0) Von H. Harper, 80 S., 40 Farbfotos, Pappband. ●●●

Schlank werden nach Dr. Hay **Trennkost**
Die bewährten Vollwert-Rezepte von Ursula Summ. (**4298**-1) Von U. Summ, 96 Seiten, 54 Farbfotos, 1 Zeichnung, kartoniert. ●●

Das große Buch der Trennkost
Neue Rezepte von Ursula Summ
(**4498**-4) Von U. Summ, 144 S., ca. 100 Farbfotos, Pappband. ●●●

Gesund leben nach Dr. Hay
Cholesterinarme Trennkost
Neue Vollwert-Rezepte von Ursula Summ (**4475**-5) Von U. Summ, 96 Seiten, 52 Farbfotos, kartoniert. ●●

Die neue Trennkost
(**4685**-5) Von U. Summ, 96 Seiten, 71 Farbfotos, Pappband. ●●●

Das kleine 1x1 der Trennkost
(**1428**-7) Von S. Carlsson, 64 S., ca. 50 Farbfotos, kartoniert. ●

Schlank nach Maß
mit der Diät-Computerwaage
(**1064**-8) Von K. Alisch, 104 S., 8 Farbtafeln, kartoniert. ●

Gesundes Essen für Berufstätige
Die 4-Wochen-Vollwertkur (**1065**-6) Von M. Weber, ca. 80 S., 8 Farbtafeln, kart. ●

Garten

FALKEN Gartenjahr
(**4730**-4) Von K. Greiner, A. Weber, P. Michaeli-Achmühle, 320 Seiten, 380 Farbabbildungen, Pappband. ●●●●

Garten heute
Der moderne Ratgeber · Über 1000 Farbbilder. (**4283**-3) Von H. Jantra, 384 S., über 1000 Farbabbildungen, Pappband. ●●●●

Helmut Jantras Gartenbuch
Obst · Gemüse · Blumen
(**4522**-0) Von H. Jantra, 200 S., 395 Farbfotos, 123 Farbzeichnungen, 25 Tabellen, Pappband. ●●

1000 ganz bewährte Garten-Tips
(**4453**-4) Von H. Jantra, 320 S., 288 zweifbg. und 62 s/w-Zeichn.,, Pappband. ●●●

Obst, Gemüse, Blumen, Gras
Gärtnern macht den Kindern Spaß
(**4517**-4) Von U. Krüger, 96 S., 85 Farbfotos, 180 Farbzeichnungen, Pappband. ●●

Rosen
(**4692**-8) Von H. Steinhauer, ca. 144 S., zahlr. Farbabbildungen Pappband. ●●●●●

Rosen
Auswahl · Pflege · Gestaltung
(**1183**-0) Von H. Jantra, 120 S., 200 Farbfotos, 20 Farbzeichnungen, 8 Bepflanzungspläne, kartoniert. ●●

Bunte Pracht der Stauden
Auswahl · Pflege · Gestaltung
(**1376**-0) Von H. Jantra, 112 S., 167 Farbbildungen, kartoniert. ●●●

Erfolgstips für den Obstgarten
Gesunde Früchte durch richtige Sortenwahl und Pflege
(**0827**-9) Von F. Mühl, 184 S., 16 Farbtafeln, 33 Zeichnungen, kartoniert. ●●

Erfolgstips für den Gemüsegarten
Mit naturgemäßem Anbau zu höherem Ertrag. (**0674**-8) Von F. Mühl, 80 Seiten, 30 s/w-Fotos, kartoniert. ●●

Obstgehölze sachgemäß schneiden
(**1127**-X) Von P. G. Wilhelm, 136 Seiten, 8 s/w-Abb., 367 Zeichnungen, kart. ●●

Kompost im Hausgarten
herstellen und anwenden
(**1258**-6) Von H. Abels, J. Jöstingmeier, ca. 30 zweifarbige Zeichnungen, kart. ●●

Der naturgemäße Zier- und Wohngarten
Anlegen · Gestalten · Pflegen
(**0748**-5) Von I. Gabriel, 128 S., 72 Farbfotos, 46 Farbzeichnungen, kartoniert. ●●

Natürlich gärtnern unter Glas und Folie
Anbauen und ernten rund ums Jahr
(**0722**-1) Von I. Gabriel, 128 S., 62 Farbfotos, 45 Farbzeichnungen, kartoniert. ●●

Nützliche Tiere im Garten
(**1472**-4) Von I. Polaschek, ca. 112 Seiten, ca. 120 Farbf., ca. 10 Farbzeichn., kartoniert. ●●

Schneckenbekämpfung
giftfrei und naturgemäß
(**1378**-7) Von B. Meyer, Y. Thalheim, 64 S., 25 s/w-Zeichnungen, 8 Farbtafeln, kart. ●

Dekorative Kübelpflanzen
Auswahl und Pflege
(**1074**-5) Von H. Jantra, 112 S., 180 Farbfotos, 35 Farbzeichnungen, kartoniert. ●●

Blütenpracht auf Balkon und Terrasse
(**0928**-3) Von M. Haberer, 88 S., 139 Farbfotos, kartoniert. ●●

Moderne Gartengestaltung
(**1255**-1) Von K. Greiner, A. Weber, 128 S., mit Rasterbogen und Planelementen zum Ausschneiden, ca. 120 Farbfotos, ca. 20 vierfarbige Pläne, kartoniert. ●●●

Gestaltungsideen für
Schöne Gärten
(**4482**-8) Von H. Jantra, 168 S., 309 Farbfotos, 3 s/w-Fotos,, Pappband. ●●●●●

Der pflegeleichte Hausgarten
(**1170**-9) Von H. Jantra, 112 S., vierfarbige Abbildungen, kartoniert. ●●

Schöne Kräutergärten
(**1256**-X) Von H. Jantra, 112 S., vierfarbige Abbildungen, kartoniert. ●●

Kleingärten
Planen · Anlegen · Pflegen
(**1015**-X) Von H. Jantra, 88 S., 123 Farbfotos, 1 s/w-Foto, 14 Farbzeichnungen,, kart. ●●

Reihenhausgärten
Planen · Anlegen · Pflegen
(**1016**-8) Von H. Jantra, 104 S., 134 Farbfotos, 45 Farbzeichnungen, kartoniert. ●●

Kletterpflanzen
Mit Sonderteil Dachbegrünung
(**4546**-8) Von O. Mehl, K. Werk, 128 S., ca. 150 Farbfotos, farbige und s/w-Zeichnungen, Pappband. ●●●●●

Steingärten Wirkungsvoll gestalten und sachgerecht pflegen
(**4452**-6) Von A. Throll-Keller, 128 Seiten, 203 Farbfotos, 56 Farbzeichnungen, Pappband. ●●●●

10

Gartenteiche, Tümpel und Weiher
naturnah anlegen und pflegen
(**1073**-7) Von Dr. F. Liedl, H. Goos, 80 Seiten, 87 Farbfotos, 39 Farbzeichnungen, kart. ●●

Wasser im Garten
Von der Vogeltränke zum Naturteich · Natürliche Lebensräume selbst gestalten.
(**4230**-2) Von H. Hendel, P. Keßeler, 240 S., 315 Farbabb., 11 s/w-Fotos, Pappband. ●●●●●

Pflanzen und Tiere für den Gartenteich
(**1171**-7) Von W. Costa, 128 S., 169 Farbfotos, 40 Farbzeichnungen, 8 Bepflanzungspläne, kartoniert. ●●

Gestaltungsideen für den Wohngarten
Sitzplätze, Terrassen, Höfe und andere grüne Räume
(**4751**-7) Von H. Jantra, ca. 120 Seiten, ca. 100 Farbfotos und -zeichnungen, gebunden. ●●●●

Wintergärten
Das Erlebnis, mit der Natur zu wohnen. Planen, Bauen und Gestalten.
(**4256**-6) Von LOG ID, 136 S., 130 Farbfotos, 107 Farbzeichnungen, Pappband. ●●●●●

Rund ums Jahr erfolgreich gärtnern
Gewächshäuser
planen · bauen · einrichten · nutzen
(**4408**-9) Von Dr. G. Schoser, J. Wolff, 232 S., 368 Farbabb., 5 s/w-Fotos, Pappband. ●●●●●

Das moderne Handbuch **Zimmerpflanzen**
(**4416**-X) Von H. Jantra, 304 S., 766 Farbfotos, 64 Farb- und 19 s/w-Zeichnungen, Pappband. ●●●●

365 Erfolgstips für schöne Zimmerpflanzen
(**0893**-7) Von H. Jantra, 144 S., 215 Farbfotos, kartoniert. ●●

Dekorative Blattpflanzen
Auswahl und Pflege
(**1128**-8) Von H. Jantra, 128 S., 198 Farbfotos, 20 Farbzeichnungen, kartoniert. ●●

Arbeitskalender für Zimmergärtner
(**1473**-2) Von H. Jantra, 112 Seiten, ca. 120 Farbfotos, kartoniert. ●●

Prof. Stelzers grüne Sprechstunde
Gesunde Zimmerpflanzen
Krankheiten erkennen und behandeln. Mit neuem Diagnosesystem.
(**4274**-4) Von Prof. Dr. G. Stelzer, 192 Seiten, 410 Farbfotos, 10 s/w-Zeichnungen, Pappband. ●●●●

Hydrokultur
Pflanzen ohne Erde – mühelos gepflegt.
(**0944**-5) Von H.-A. Rotter, 144 S., 167 Farbfotos, 13 Farbzeichnungen, kartoniert. ●●

Gesunde Pflanzen in
Hydrokultur
(**1257**-8) Von H.-A. Rotter, 80 Seiten, ca. 60 s/w-Zeichnungen, 8 Farbtafeln, kartoniert. ●

Bonsai Japanische Miniaturbäume und Miniaturlandschaften. Anzucht, Gestaltung und Pflege.
(**4091**-1) Von B. Lesniewicz, 160 S., 106 Farbfotos, 46 s/w-Fotos, 115 Zeichnungen, gebunden. ●●●●●

Kakteen
Auswahl · Pflege · Vermehrung
(**1429**-5) Von G. Andersohn, ca. 120 Seiten, zahlr. Farbabbildungen, kartoniert. ●●●

Tiere

Grzimek Juniors **BUNTE TIERWELT**
(**4295**-7) Von Chr. Grzimek, 208 S., 308 Farbfotos, Pappband. ●●●●

Hunde
Rassen · Ausbildung · Pflege · Zucht
(**4118**-7) Von H. Bielfeld, 192 S., 222 Farbund 73 s/w-Abb., Pappband. ●●●●

Das neue Hundebuch
Rassen · Aufzucht · Pflege (**0009**-X) Von W. Busack, überarbeitet von Dr. med. vet. A. H. Hacker und H. Bielfeld, 112 S., 8 Farbtafeln, 27 s/w-Fotos, 6 Zeichnungen, kartoniert. ●

Alles über Dackel, Teckel und Dachshunde
(**1079**-6) Von M. Wein-Gysae, 80 Seiten, 46 Farbfotos, 2 zweifarbige Zeichnungen, kartoniert. ●●

Hundeausbildung
Verhalten · Gehorsam · Ausbildung
(**0346**-3) Von R. Menzel, 88 S., 26 Fotos, kartoniert. ●●

Grundausbildung für Gebrauchshunde
Schäferhund, Boxer, Rottweiler, Dobermann, Riesenschnauzer, Airedaleterrier, Hovawart und Bouvier.
(**0801**-5) Von M. Schmidt und W. Koch. 104 S., 8 Farbtafeln, 51 s/w-Fotos, 5 s/w-Zeichnungen, kartoniert. ●●

Der Hund in der Familie
(**1014**-1) Von J. Werner, 128 S., 106 Farbfotos, kartoniert. ●●

Der Deutsche Schäferhund
(**1091**-5) Von U. Förster, 112 S., 47 Farbzeichnungen, 2 s/w-Fotos, kartoniert. ●●

Der Deutsche Schäferhund
Aufzucht · Pflege und Ausbildung
(**0073**-1) Von A. Hacker, 104 S., 56 Abb., kart. ●

Alles über junge Hunde
(**0863**-5) Von Dr. med. vet. E. M. Bartenschlager, 64 S., 49 Farbfotos, 6 Zeichnungen, kartoniert. ●●

Richtige Hundeernährung
(**0811**-2) Von Dr. med. vet. E. M. Bartenschlager, 80 S., 51 Farbf., 4 Farbzeichn., kart. ●●

Hundekrankheiten
(**1077**-X) Von Dr. med. vet. R. Spangenberg, 96 S., 44 Farb- und 1 s/w-Foto, 22 Farbzeichnungen, kartoniert. ●●

Von Ajax bis Zamperl
Die beliebtesten Hunde-Namen
(**1174**-1) Von H.-J. Schließke, 96 Seiten, kart. ●

Die Katze in der Familie
(**1076**-1) Von U. Birr, 136 S., 112 Farbf., kart. ●●

Katzen
Rassen · Verhalten · Pflege · Zucht
(**4158**-6) Von B. Gerber, 176 S., 294 Farbund 88 s/w-Fotos, Pappband. ●●●●

Das neue Katzenbuch
Rassen · Aufzucht · Pflege.
(**0427**-3) Von B. Eilert- Overbeck, 120 Seiten, 14 Farbfotos, 26 s/w-Fotos, kartoniert. ●

Katzenkrankheiten
erkennen und behandeln
(**1078**-8) Von Dr. med. vet. R. Spangenberg, 104 S., 40 Farbfotos und 11 Farbzeichnungen, kartoniert. ●●

Junge Katzen
(**0862**-7) Von Dr. med. vet. E. M. Bartenschlager, 72 S., 40 Farbfotos, 4 Farbzeichnungen, kartoniert. ●●

Pferde
(**4186**-1) Von H. Werner, 176 S., 196 Farbund 50 s/w-Fotos, 100 Zeichnungen, Pappband. ●●●●

Reiten auf Gangpferden
Isländer, Pasos, Saddlehorses und andere Freizeitpferde
(**4716**-9) Von Dr. med. vet. H. Jung, ca. 112 S., zahlreiche Abbildungen, kartoniert. ●●●

Reiten im Bild
(**0415**-X) Von H. Werner, 128 S., 142 Farbfoyos, 107 Farbzeichnungen, kartoniert. ●●

Der Hobby-Imker
(**0978**-X) Von Dr. R. F. A. Moritz, 144 S., 106 zweifarbige Zeichnungen, kart. ●●

Geflügelhaltung als Hobby
(**0749**-3) Von M. Baumeister, H. Meyer, 184 S., 8 Farbtafeln, 47 s/w-Fotos, 15 zweifarbige Zeichnungen, kartoniert. ●●

Sittiche und kleine Papageien
(**0864**-3) Von Dr. med. vet. E. M. Bartenschlager, 88 S., 84 Farbfotos, 9 Zeichnungen, kartoniert. ●●

Alles über Großsittiche
(**1320**-5) Von H. Bielfeld, 88 S., 88 Farbfotos, 3 Farbzeichnungen, kartoniert. ●●

Alles über Wellensittiche
(**1129**-6) Von H. Bielfeld, 64 S., 53 Farbfotos, 3 Zeichnungen, kartoniert. ●●

Alles über Kanarienvögel
(**0901**-1) Von H. Schnoor, 64 S., 58 Farbfotos und Zeichnungen, kartoniert. ●●

Nymphensittiche
Auswahl · Haltung · Pflege
(**1474**-0) Von F. Moll, ca. 64 Seiten, durchgehend vierfarbig, kartoniert. ●●

Beos
Haltung · Pflege · Zucht
(**1475**-9) Von M. Wagner, ca. 64 Seiten, durchgehend vierfarbig, kartoniert. ●●

Elternlose Jungvögel
Erste Hilfe · Aufzucht · Auswilderung
(**1319**-1) Von I. Polascheck, 80 S., 80 Farbfotos, 5 Farbzeichnungen, kartoniert. ●●

Diskusfische
Arten · Haltung · Pflege
(**1432**-5) Von H. Hirsch, 64 Seiten, 43 Farbfotos, kartoniert. ●●

Die Tiersprechstunde
Gesunde Fische im Süßwasseraquarium
(**1013**-3) Von H. J. Mayland, 96 S., 73 Farbfotos, 10 Farbzeichnungen, kartoniert. ●●

Alles über Zwerg- und Goldhamster
(**1012**-5) Von M. Mettler, 96 S., 96 Farbfotos, kartoniert. ●●

Alles über Chinchillas und Degus
(**1130**-X) Von M. Mettler, 96 S., 80 Farbfotos, 3 Zeichnungen, kartoniert. ●●

Alles über Meerschweinchen
(**0809**-0) Von Dr. med. vet. E. M. Bartenschlager, 72 S., 43 Farbfotos, 11 Farbzeichnungen, kartoniert. ●●

Alles über Zwergkaninchen
(**1075**-3) Von M. Mettler,. 64 S., 52 Farbfotos, kartoniert. ●●

Alles über Rennmäuse
(**1318**-3) Von M. Mettler, 80 S., 74 Vignetten, kartoniert. ●●

Sport und Fitneß

Neue Lehrmethoden der Judo-Praxis
(**0424**-9) Von P. Herrmann, 223 S., 475 Abb., kartoniert. ●●

Judo perfekt 1
(**1249**-7) Von K. Fuchs, 128 S., kartoniert. ●●

Judo perfekt 2
Wettkampftechniken im Stand
(**1461**-9) Von K. Fuchs, ca. 144 Seiten, kartoniert. ●●

Fußwürfe
für Judo, Karate und Selbstverteidigung.
(**0439**-7) Von H. Nishioka, übers. von H. J. Heese, 96 S., 260 Abb., kartoniert. ●●

Karate 1
zur Selbstverteidigung
(**1312**-4) Von M. Nakayama, 96 Seiten, 315 s/w-Fotos, 5 Zeichn., kartoniert. ●●

Karate 2
zur Selbstverteidigung
(**1362**-0) Von M. Nakayama, 96 Seiten, 245 s/w-Fotos, kartoniert. ●●

Nakayamas Karate perfekt 1
Einführung.
(**0487**-7) Von M. Nakayama, 136 Seiten, 605 s/w-Fotos, kartoniert. ●●

Nakayamas Karate perfekt 2
Grundtechniken.
(**0512**-1) Von M. Nakayama, 136 Seiten, 354 s/w-Fotos, 53 Zeichnungen, kart. ●●

Nakayamas Karate perfekt 3
Kumite 1: Kampfübungen.
(**0538**-5) Von M. Nakayama, 128 Seiten, 424 s/w-Fotos, kartoniert. ●●

Nakayamas Karate perfekt 4
Kumite 2: Kampfübungen.
(**0547**-4) Von M. Nakayama, 128 Seiten, 394 s/w-Fotos, kartoniert. ●●

Nakayamas Karate perfekt 5
Kata 1: Heian, Tekki.
(**0571**-7) Von M. Nakayama, 144 Seiten, 1229 s/w-Fotos, kartoniert. ●●

Nakayamas Karate perfekt 6
Kata 2: Bassai-Dai, Kanku-Dai.
(**0600**-4) Von M. Nakayama, 144 Seiten, 1300 s/w-Fotos, 107 Zeichnungen, kart. ●●

Nakayamas Karate perfekt 7
Kata 3: Jitte, Hangetsu, Empi.
(**0618**-7) Von M. Nakayama, 144 Seiten, 1988 s/w-Fotos, 105 Zeichnungen, kart. ●●

Nakayamas Karate perfekt 8
Gankaku, Jion.
(**0650**-0) Von M. Nakayama, 144 Seiten, 1174 s/w-Fotos, 99 Zeichnungen, kart. ●●

Karate
(**2308**-1) Von A. Pflüger, 96 S., 134 Farbfotos, 4 s/w-Zeichnungen, kartoniert. ●●

Bo-Karate
Hanbo-Jitsu – die Techniken des Stockkampfes.
(**0447**-8) Von G. Stiebler, 176 S., 424 s/w-Fotos, 38 Zeichnungen, kartoniert. ●●

Karate 1
Einführung · Grundtechniken.
(**0227**-0) Von A. Pflüger, 164 S., 195 s/w-Fotos, 120 Zeichnungen, kartoniert. ●

Karate 2
Kombinationstechniken · Katas.
(**0239**-4) Von A. Pflüger, 176 S., 452 s/w-Fotos und Zeichnungen, kartoniert. ●●

Karate Kata 1
Heian 1–5, Tekki 1, Bassai-Dai.
(**0683**-1) Von W.-D. Wichmann, 164 Seiten, 703 s/w-Fotos, kartoniert. ●●

Karate Kata 2
Jion, Empi, Kanku-Dai, Hangetsu.
(**0723**-X) Von W.-D. Wichmann, 140 Seiten, 661 s/w-Fotos, 4 Zeichnungen, kart. ●●

Karate Kata 3
Bassai Sho, Kanku Sho, Nijushiho, Sochin.
(**1120**-2) Von W.-D. Wichmann, 144 Seiten, 598 s/w-Fotos, 4 Grafiken, kart. ●●

Dragon – der Drache
Die Bruce-Lee-Story
(**1415**-5) Von L. Lee, 192 S., 257 s/w-Fotos, kartoniert. ●●●

Bruce Lees Kampfstil 1
Grundtechniken
(**0473**-7) Von B. Lee, M. Uyehara, 109 Seiten, 220 Abbildungen, kartoniert. ●

Bruce Lees Kampfstil 2
Selbstverteidigungs-Techniken
(**0486**-9) Von B. Lee, M. Uyehara, 128 Seiten, 310 Abb., kartoniert. ●

Bruce Lees Kampfstil 3
Trainingslehre
(**0503**-2) Von B. Lee, M. Uyehara, 112 Seiten, 246 Abbildungen, kartoniert. ●

Bruce Lees Kampfstil 4
Kampftechniken
(**0532**-7) Von B. Lee, M. Uyehara, 104 Seiten, 211 Abbildungen, kartoniert. ●

Bruce Lee Kung-Fu
zur Selbstverteidigung
(**1399**-X) Von B. Lee, 104 Seiten, 120 s/w-Abbildungen, kartoniert. ●●

Chuck Norris
Meine Karatetechnik
Erfolgreich in Angriff und Abwehr
(**1460**-0) Von C. Norris, 128 Seiten, kartoniert. ●

Shaolin Kung-Fu 1
Grundlagen chinesischer Kampfkunst
(**1363**-9) Von C. D. Yao, R. Fassi, 124 Seiten, 207 s/w-Fotos, 30 s/w-Zeichn., kart. ●●●

Shaolin Kung-Fu 2
Kampftechniken für Angriff und Abwehr
(**1416**-3) Von C. D. Yao, R. Fassi, 144 Seiten, 581 s/w-Abb., kartoniert. ●●

Kung-Fu 1
Legende · Philosophie · Grundtechniken
(**0891**-0) Von Chr. Yim, 152 S., 401 s/w-Fotos, 2 s/w-Zeichnungen, kartoniert. ●●

Kung-Fu und Thai-Chi
Grundlagen und Bewegungsabläufe
(**0367**-6) Von B. Tegner, 182 Seiten, 370 s/w-Fotos, kartoniert. ●●

Kung Fu
Theorie und Praxis klassischer und moderner Stile
(**0376**-5) Von M. Pabst, 160 Seiten, 330 Abbildungen, kartoniert. ●●

Bruce Lees Jeet Kune Do
(**0440**-0) Von B. Lee, 192 S., mit 105 eigenhändigen Zeichnungen von B. Lee, kartoniert. ●●●

Shaolin-Kempo – Kung-Fu
Chinesisches Karate im Drachenstil.
(**0395**-1) Von R. Czerni, K. Konrad, 246 S., 723 Abbildungen, kartoniert. ●●

Kickboxen
Fitneßtraining und Wettkampfsport.
(**0795**-7) Von G. Lemmens, 96 S., 208 s/w-Fotos, 23 Zeichnungen, kartoniert. ●●

Ninja 1
Die Lehre der Schattenkämpfer.
(**0758**-2) Von S. K. Hayes, übers. von J. Schmit, 144 Seiten, 137 s/w-Fotos, kartoniert. ●●

Ninja 2
Die Wege zum Shoshin.
(**0763**-9) Von S. K. Hayes, übers. von J. Schmit, 160 S., 309 s/w-Fotos, 2 Zeichnungen, kartoniert. ●●

Ninja 3
Der Pfad des Togakure-Kämpfers.
(**0764**-7) Von S. K. Hayes, übers. von J. Schmit, 144 S., 197 s/w-Fotos, 2 Zeichnungen, kartoniert. ●●

Ninja 4
Das Vermächtnis der Schattenkämpfer.
(**0807**-0) Von S. K. Hayes, übers. von J. Schmit, 196 Seiten, 466 s/w-Fotos, kartoniert. ●●

Taekwondo perfekt 1
Die Formenschule bis zum Blaugurt.
(**0890**-2) Von K. Gil, Kim Chul-Hwan, 176 Seiten, 439 s/w-Fotos, 107 Zeichnungen, kartoniert. ●●●

Taekwondo perfekt 2
Die Formenschule vom Blau- bis zum Schwarzgurt.
(**0976**-3) Von K. Gil, K. Chul-Hwan, 192 Seiten, 461 s/w-Fotos, 112 Zeichnungen, kartoniert. ●●

Taekwondo perfekt 3
(**1068**-0) Von K. Gil, K. Chul-Hwan, 200 S., 429 s/w-Fotos, kartoniert. ●●●

Taekwondo perfekt 4
(**1250**-0) Von K. Gil, 160 S., zahlr. s/w-Fotos und Schrittdiagramme, 17 Übungstafeln zum Herausnehmen, kart. ●●●

Ju-Jutsu 1
Grundtechniken · Moderne Selbstverteidigung.
(**0276**-9) Von W. Heim, F. J. Gresch, 164 S., 450 s/w-Fotos, 8 Zeichn., kartoniert. ●●

Ju-Jutsu 2
für Fortgeschrittene und Meister.
(**0378**-1) Von W. Heim, F. J. Gresch, 160 S., 798 s/w-Fotos, kartoniert. ●●

Ju-Jutsu 3
Spezial-, Gegen- und Weiterführungs-Techniken · Stockkampftechnik.
(**0485**-0) Von W. Heim, F. J. Gresch, 200 S., über 600 s/w-Fotos, kartoniert. ●●

Aikido
Lehren und Techniken des harmonischen Weges.
(**0537**-7) Von R. Brand, 280 Seiten, 697 Abbildungen, kartoniert. ●●

Hap Ki Do
Koreanische Selbstverteidigung nach dem Lehrsystem des Großmeisters.
(**0379**-X) Von Kim Sou Bong, 112 Seiten, 152 Abbildungen, kartoniert. ●●

Dynamische Tritte
Grundlagen für den Zweikampf.
(**0438**-9) Von C. Lee, 96 S., 398 s/w-Fotos, 10 Zeichnungen, kartoniert. ●●

Super-Tritte
(**1248**-9) Von W. Wallace, 136 S., kart. ●●

Selbstverteidigung
Abwehrtechniken für Sie und Ihn.
(**0853**-8) Von E. Deser, 96 S., 259 s/w-Fotos, kartoniert. ●

Die Faszination athletischer Körper
Bodybuilding
mit Weltmeister Ralf Möller.
(**4281**-7) Von R. Möller, 128 Seiten, 169 Farbfotos, 14 s/w-Fotos, 1 Farbzeichnung, Pappband. ●●●●

Ladyfitneß
Das neue Körperbewusstsein der Frau
Bodyshaping · Körperpflege · Ernährung · Entspannung
(**4433**-X) Von Prof. Dr. S. Starischka, B. Grabis, D. von Cramm, G. W. Kienitz, 128 S., 227 Farbfotos, Pappband. ●●●●

Bodybuilding für Frauen
Wege zu Ihrer Idealfigur
(**0661**-6) Von H. Schulz, 112 S., 84 s/w-Fotos, 4 Zeichnungen, kartoniert. ●

Bodybuilding
Anleitung zum Muskel- und Konditionstraining für sie und ihn
(**0604**-7) Von R. Smolana, 160 S., 171 s/w-Fotos, kartoniert. ●●

Bodybuilding
(**2314**-6) Von L. Spitz, 112 S., 203 Farbabbildungen, 10 Tabellen. ●●

Leistungsfähiger durch Krafttraining
Eine Anleitung für Fitness-Sportler, Trainer und Athleten.
(**0617**-9) Von W. Kieser, 96 S., 20 s/w-Fotos, 62 Zeichnungen, kartoniert. ●

Krafttraining
Wirbelsäulengerechte Übungen an und mit Geräten
(**1309**-4) Von A. Balk, 48 S., 8 Bildtafeln, Spiralbindung. ●●●

Muskeltraining mit Hanteln
Leistungssteigerung für Sport und Fitneß
(**0676**-4) Von H. Schulz, 104 S., 92 s/w-Fotos, 2 Zeichnungen, kartoniert. ●

Ausdauertraining
Einführung und Grundtechniken
(**1396**-5) Von G. Eyting, 32 S., 41 Farbfotos, 21 Farbzeichn., kartoniert. ●●●

Hanteltraining zu Hause
(**0800**-7) Von W. Kieser, 80 S., 71 s/w-Fotos, 4 Zeichnungen, kartoniert. ●

Optimale Ernährung
für Krafttraining und Bodybuilding.
(**0912**-7) Von B. Dahmen, 88 S., 8 Farbtafeln, 8 Zeichnungen, kartoniert. ●

Aufwärmen
Übungen und Programme für Sport und Spiel
(**1311**-6) Von Dr. H. Wolff, 40 S., 8 Bildtafeln, Spiralbindung. ●●●

Fitneßtraining
Empfohlen vom Deutschen Sportbund
(**1245**-4) Von Marianne Schreiber, 32 Seiten, Spiralbindung mit Ausklapptafeln. ●●

Wirbelsäulengymnastik
Empfohlen vom Deutschen Sportbund
(**1246**-2) Von L. Keller, 40 Seiten, Spiralbindung mit Ausklapptafeln. ●●●

Aerobics
Low Impact, High-Impact, Step-Aerobic
(**1421**-X) Von M. Freytag-Baumgartner, 44 S., 3 Farbtafeln, 84 Farbfotos, 16 s/w-Fotos, Spiralbindung, kartoniert. ●●●

Stretching
Empfohlen vom Deutschen Sportbund
(**1247**-0) Von A. Balk, 40 Seiten, Spiralbindung mit Ausklapptafeln. ●●

Isometrisches Training
Übungen für Muskelkraft und Entspannung.
(**0529**-0) Von L. M. Kirsch, 104 S., 150 s/w-Fotos, kartoniert. ●●

Stretching
Mit Dehnungsgymnastik zu Entspannung, Geschmeidigkeit und Wohlbefinden.
(**0717**-5) Von H. Schulz, 80 S., 90 s/w-Fotos, kartoniert. ●

Stretching
(**2304**-9) Von B. Kurz, 96 S., 255 Farbfotos, kartoniert. ●●

Gesund und fit durch Gymnastik
(**0366**-8) Von H. Pilss-Samek, 88 Seiten, 130 Abbildungen, kartoniert. ●

Funktionelles Körpertraining
Grundlagen und Bewegungsprogramme
(**1367**-1) Von A. Balk, 40 S., 100 Farbfotos, kartoniert. ●

Spielerisch zur Kondition
Über 100 Trainingsspiele zur Verbesserung von Ausdauer, Schnelligkeit, Kraft und Beweglichkeit
(**1214**-4) Von U. Stumpp, 120 S., 30 Grafiken, kartoniert. ●●●

AOK-Videothek
Top-Form Gymnastik
Ein Bewegungsprogramm für pfundige Leute
(**6144**-9) VHS, ca. 30 Minuten, in Farbe. ●●●●*

Fit und frisch
Gymnastik für die ganze Familie
(**6501**-9) Von G. Sieber, 104 S., 306 Farbfotos, 5 Farbzeichnungen, kart., mit Audiokassette, Laufzeit 30 Min. ●●●

Sportjahr 93
Rekorde · Siege · Schicksale · Ergebnisse
Mit Sonderteil Leichtathletik-WM
(**4690**-1) 176 Seiten, 373 Farbfotos, Pappband. ●●●

Freeclimbing
Technik und Training
(**1251**-9) Von T. Strobl, 144 Seiten, durchgehend vierfarbig, kartoniert. ●●●

Fechten
Florett · Degen · Säbel.
(**0449**-4) Von E. Beck, 88 Seiten, 185 Fotos, 10 Zeichnungen, kartoniert. ●●

SportRegeln Volleyball
(**1368**-X) 88 S., 5 Farbtafeln, 19 s/w-Fotos, kartoniert. ●●

Fußball
(**2309**-X) Von H. Obermann, P. Walz, 112 Seiten, 47 Farbfotos, 18 Farb- und 25 s/w-Zeichnungen, kartoniert. ●●

Sepp Maier
Super-Torwart-Training
(**4451**-8) Von S. Maier, 168 S., 30 Farb- und 34 s/w-Fotos, 236 zweifarbige Zeichnungen, Pappband. ●●●●

Fußballtraining für Kinder und Jugendliche
Spiel- und Übungsformen zu Technik und Taktik
(**1463**-5) Von S. Asmus u. a., ca. 128 Seiten, durchgehend vierfarbig, kartoniert. ●●

SportRegeln
American Football
(**1165**-2) 136 S., 18 s/w-Fotos, kartoniert.●

Streetball
Technik · Taktik · Spiel
(**1465**-1) Von J. Bezler und T. Paganetti, ca. 80 Seiten, durchgehend vierfarbig, kartoniert. ●●

Handball
Technik · Taktik · Regeln.
(**0426**-5) Von F. und P. Hattig, 128 Seiten, 91 s/w-Fotos, 121 Zeichnungen, kart. ●●

Handball
Grundlagen für Training und Spiel
(**2321**-9) Von H.-P. Oppermann, 120 Seiten, 39 Farbtafeln, 12 s/w-Tafeln, 108 Farbzeichnungen, kartoniert. ●●

SportRegeln Handball
Die offiziellen Regeln
Wissenswertes von A bis Z
(**1099**-6) 88 Seiten, 32 s/w-Fotos, 14 Zeichnungen, kartoniert. ●

SportRegeln Rugby
Die offiziellen Regeln
Wissenswertes von A bis Z
(**1216**-0) 96 Seiten, zahlreiche zweifarbige Abbildungen, kartoniert. ●

Tennis
Technik · Taktik · Training.
(**0375**-7) Von W. u. S. Taferner, 112 Seiten, 81 Abbildungen., kartoniert. ●

SportRegeln Tennis
Die offiziellen Regeln
Wissenswertes von A bis Z
(**1097**-4) 88 S., 24 s/w-Fotos, 6 Zeichnungen, kartoniert. ●

Tischtennis-Technik
Der individuelle Weg zu erfolgreichem Spiel.
(**0775**-2) Von M. Perger, 144 Seiten, 296 Abbildungen, kartoniert. ●●

SportRegeln Tischtennis
Die offiziellen Regeln
Wissenswertes von A bis Z (**1252**-7) 96 S., zahlreiche zweifarbige Abb., kart. ●

Badminton
Technik · Taktik · Training.
(**0699**-3) Von K. Fuchs, L. Sologub, 168 S., 51 Abbildungen. ●●

SportRegeln
Badminton
(**1101**-6) 84 S., kartoniert.●

Squash
(**2311**-1) Von P. Langhammer, R. Michna, 96 S., 86 Farbfotos, 13 Farbzeichn., kartoniert. ●●

Squash
Ausrüstung · Technik · Regeln
(**0539**-3) Von D. von Horn, H.-D. Stünitz, 96 S., 55 s/w-Fotos, 25 Zeichnungen, kartoniert. ●●

SportRegeln Squash
Wissenswertes von A bis Z
(**1100**-8) 64 S., 11 s/w-Fotos, 23 Zeichnungen, kartoniert. ●

Darts
Technik · Taktik · Spiel
(**1466**-X) Von R.W. Sohlbach, ca. 112 S., kart. ●●

Golf
Neue Wege zum erfolgreichen Spiel
(**4509**-3) Von O. Heuler, ca. 144 S., zahlr. Farbabbildungen, Pappband. ●●●●●

SportRegeln Golf
(**1315**-9) 96 S., 19 s/w-Fotos, kartoniert. ●

Golf
Ausrüstung und Technik.
(**0343**-9) Von J. C. Jessop, 96 S., 57 Abb., Anhang Golfregeln des DGV, kart. ●

Eishockey
Lauf- und Stocktechnik, Körperspiel, Taktik, Ausrüstung und Regeln.
(**0414**-1) Von J. Čapla, 264 S., 548 s/w-Fotos, 163 Zeichnungen, kartoniert. ●●●

SportRegeln
Eishockey
(**1098**-2) 116 Seiten, kartoniert.●

Billard
Grundstöße · Viertelbillard und Freie Partie
(**1313**-2) Von Dr. H. Stingel, 112 Seiten, 196 Zeichnungen, kartoniert. ●●

Pool-Billard
Grundlagen für Training und Spiel
(**2318**-9) Von B. Pejcic, R. Meyer, 96 S., durchgehend vierfarbig, kartoniert. ●●

Pool-Billard
(**0484**-2) Herausgegeben vom Deutschen Pool-Billard-Bund. Von M. Bach, K.-W. Kühn, 104 S., 64 Abbildungen, kartoniert. ●●

FALKEN Video
Reiten
Von der ersten Stunde bis zum Ausritt
(**6097**-1) VHS, ca. 60 Min., in Farbe, mit Begleitheft.●●●●*

Reiten
(**2322**-7) Von T. Eckholt, 128 S., durchgehend vierfarbig, kartoniert. ●●

Tanzstunde
Das Welttanzprogramm leicht gelernt
(**4409**-0) Von G. Hädrich, 164 S., 489 s/w-Fotos, 63 Zeichnungen, Pappband. ●●●

Wir lernen Tanzen
(**0200**-9) Von E. Fern, 152 S., 119 s/w-Fotos, 47 Zeichnungen, kartoniert. ●●

Anmutig und fit durch
Bauchtanz
(**0911**-9) Von Marta, 120 S., 229 Farbfotos, 6 s/w-Zeichnungen, kartoniert. ●●●

Segeln
(**1364**-X) Von H. Mönster u.a., ca. 128 Seiten, durchgehend vierfarbig, zahlr. Abbildungen, kartoniert. ●●

Sporttauchen
Theorie und Praxis des Gerätetauchens
(**0647**-2) Von S. Müßig, 144 S., 8 Farbtafeln, 35 s/w-Fotos, 89 Zeichnungen, kart. ●●

Fit mit Sporttauchen
(**2320**-0) Von Dr. F. Naglschmid, 112 Seiten, 71 Farbfotos, 21 Zeichnungen, kart. ●●

Angelfischerei von Aal bis Zander
Fische · Geräte · Angeltechnik.
(**0324**-2) Von H. Oppel, 72 Seiten, 16 Farbtafeln, 49 s/w-Abb., kartoniert. ●●

Angeln
Kleine Fibel für den Sportfischer.
(**0198**-3) Von E. Bondick, 80 Seiten, 4 Farbtafeln, 116 Abbildungen, kartoniert. ●

Snowboarding
Ausrüstung · Fahrtechnik · Wettkämpfe
Videokassette (**6139**-0) VHS, ca. 45 Min., in Farbe. ●●●●*

Fibel für Kegelfreunde
Sport- und Freizeitregeln · Bowling
(**0191**-6) Von G. Bocsai, 72 Seiten, 62 Abb., kartoniert ●

111spannende Kegelspiele
(**2031**-7) Von H. Regulski, 80 S., 53 Zeichnungen, kartoniert. ●

Mensch und Gesundheit

Der moderne Ratgeber
Wir werden Eltern
Schwangerschaft · Geburt · Erziehung des Kleinkindes.
(**4269**-8) Von B. Nees-Delaval, 376 Seiten, 335 2-farbige Abb., Pappband. ●●●●
Ich freue mich auf mein Baby
Ratgeber und Tagebuch für die Schwangerschaft
(**4711**-8) Von E. Portz-Schmitt, 184 S., 18 Farbfotos, 72 Farbzeichn., Pappband. ●●●●
Ich bekomme ein Baby
Wegweiser für Schwangerschaft und Geburt
(**1254**-3) Von B. Nees-Delaval, 144 Seiten, durchgehend zweifarbig, kartoniert. ●●
Wenn der Mensch zum Vater wird
Ein heiter-besinnlicher Ratgeber
(**4259**-0) Von D. Zimmer, 160 S., 20 Zeichnungen, Pappband. ●●●
AOK Bibliothek
Schwangerschaftsgymnastik und Geburtsvorbereitung
(**1423**-6) Von L. Keller, 112 S., 137 Farbfotos, 12 Farbzeichnungen, kartoniert. ●●●
Vorbereitung auf die Geburt und Schwangerschaftsgymnastik
Atmung, Rückbildungsgymnastik,
(**0251**-3) Von S. Buchholz, 112 Seiten, 98 s/w-Fotos, kartoniert. ●
AOK-Bibliothek
Rückbildungsgymnastik
Informationen, Tips und Übungen
(**1470**-8) Von L. Keller, ca. 112 Seiten, zahlreiche Farbfotos und Farbillustrationen, kartoniert. ●●●*
AOK-Videothek
FALKEN Video
Rückbildungsgymnastik
Informationen, Tips und Übungen
(**6176**-5) Laufzeit ca. 30 Minuten. ●●●●*
Die Kunst des Stillens
nach neuesten Erkenntnissen
(**0701**-9) Von Prof. Dr. med. E. Schmidt, S. Brunn, 192 S., 20 Fotos und Zeichnungen, kartoniert. ●
Der große FALKEN BabyKurs
Pflege · Ernährung · Entwicklung · Erziehung
(**4739**-0) Von K. Schutt, ca. 352 Seiten, ca. 400 Farbfotos, gebunden. ●●●
Das Babybuch
Pflege · Ernährung · Entwicklung
(**0531**-8) Von A. Burkert, 96 Seiten, 76 zweifarbige Abbildungen, 22 s/w-Zeichnungen, kartoniert. ●●
Babyfitneß
Massage, Spiele, Gymnastik und Schwimmen für Kinder im 1. Lebensjahr
(**1034**-6) Von G. Zeiß, 112 Seiten, 179 zweifarbige Illustrationen, , kartoniert. ●●
Wenn Kinder krank werden
Medizinischer Ratgeber für Eltern
(**4240**-X) Von B. Nees-Delaval, 232 Seiten, 163 Zeichnungen, Pappband. ●●●
Keinen Mann um jeden Preis
Das neue Selbstverständnis der Frau in der Partnerbeziehung
(**4440**-2) Von Shere Hite, Kate Colleran, 208 Seiten, Pappband. ●
Total verknallt...und keine Ahnung?
Alles über Liebe, Sex und Zärtlichkeit
(**1024**-9) Von H. Bruckner, R. Rathgeber, 104 S., 38 Abbildungen, kartoniert. ●●
Streicheleinheiten für Körper und Seele
Partnermassage
(**4444**-5) Von Chr. Unseld-Baumanns, 136 S., 145 Farbfotos, Pappband. ●●●●

Partner gesucht
Die besten Tips und Strategien fürs Kennenlernen
(**1481**-3) Von Dr. C. Harmsen, 128 Seiten, kartoniert. ●●
freundin Ratgeber
Glück braucht Mut
Die Psycho-Logik des Jens Corssen
(**1176**-8) Von J. Corssen, B. Schmidt, 160 S., kartoniert. ●●
freundin Ratgeber
Die faire Trennung
Wie man mit Anstand auseinandergeht
(**1477**-5) Von I. Weber, ca. 144 S., kart. ●●
Angst und Panik
Ursachen · Symptome · Therapie
(**1422**-8) Von Prof. Dr. H.-R. Lückert, 176 S., kartoniert. ●●
Wörterbuch der Medizin
(**4535**-2) 400 Seiten, 229 Farbfotos, Pappband. ●●●●
Bildatlas des menschlichen Körpers
(**4177**-2) Von G. Pogliani, V. Vannini, 112 Seiten, 402 Farbabbildungen, 28 s/w-Fotos, Pappband. ●●●●
Richtig essen bei
Nahrungsmittelallergien
(**4745**-2) Von Dr. med. C. Thiel, A. Ilies, 128 S., ca. 90 Farbf., gebunden. ●●●
Nahrungsmittelallergien
So ernähren Sie sich richtig!
(**0913**-5) Von Priv.-Doz. Dr. med. Dr. med. habil. J. von Mayenburg, Prof. Dr. med. Dr. med. phil. S. Borelli, E. Polster, 136 S., kart. ●●
Neurodermitis
Ursachen · Ganzheitliche Behandlung · Selbsthilfe
(**1218**-7) Von Prof. Dr. med. Dr. phil. S. Borelli, 144 S., kartoniert. ●●
Bluthochdruck
Risikofaktoren · Vorbeugung · Behandlung
(**1125**-3) Von Prof. Dr. med. D. Klaus, R. Junge, G. Leibold, 152 S., 25 Farbfotos, 22 Farbzeichnungen, kartoniert. ●●●
Arteriosklerose
Risikofaktoren/Vorbeugung/Therapie
Richtige Ernährung bei erhöhtem Cholesterinspiegel.
(**1020**-5) Von Prof. Dr. med. G. Assmann, Dr. troph. U. Wahrburg, 192 S., 84 farb. Abb., 4 s/w-Zeichnungen, kartoniert. ●●
Asthma
Pseudokrupp, Bronchitis und Lungenemphysem
Krankheitsbilder · Diagnose · Therapie
(**1126**-1) Von Prof. Dr. med. W. Schmidt, S. Erteld, 152 S., 110 zweif. Zeichn., kart. ●●●
Risiko Herzinfarkt
Empfohlen von der Deutschen Herzstiftung
(**1217**-9) Von C. Halhuber, M. J. Halhuber, 152 S., 38 Farb- und 8 s/w-Abb., kartoniert. ●●
So arbeitet das Immunsystem
Funktionsweise · Störungen · Natürliche Stärkung
(**1253**-5) Von V. Friebel, J. Ledvina, A. Roßmeier, 168 S., 18 Farbtafeln, 18 zweifarbige Zeichnungen, kartoniert. ●●●
Diabetes
Krankheitsbild, Therapie, Kontrollen, Schwangerschaft, Sport, Urlaub, Alltagsprobleme. Neueste Erkenntnisse der Diabetesforschung. (**0895**-3) Von Dr. med. H. J. Krönke, 120 S., 4 Farbtafeln, 14 s/w-Fotos, 13 s/w-Zeichnungen, kartoniert. ●●
AOK-Bibliothek
Gesunde Haut
Ratgeber für Pflege und Gesundheit
(**1468**-6) Von Dr. med. J. Müller und Dr. med. K.-U. Schmidt, ca. 112 Seiten, zahlr. Abbildungen, durchgehend vierfarbig, kart. ●●●

Naturkosmetik
Die Grundlagen gesunder und natürlicher Hautpflege.
(**1080**-X) Von N. E. Haas, 120 Seiten, 63 Farbabbildungen, kartoniert. ●●
Die sanfte Art des Heilens
Homöopathie
Praktische Anwendung und Arzneimittellehre
(**4418**-X) Von J. H. P. Kreuter, 216 S., 49 Zeichnungen, Pappband. ●●
Aromatherapie
Gesundheit und Entspannung durch ätherische Öle.
(**1131**-8) Von K. Schutt, 96 S., 40 zweifarbige Abbildungen, kartoniert. ●●
Heilatem
Ein Weg zu Lebenskraft und innerer Harmonie
(**1047**-8) Von K. Schutt, 112 S., 57 zweifarbige Abbildungen, kartoniert. ●●
Bewährte Naturheilverfahren bei
Herz-Kreislauf-Erkrankungen
(**1084**-2) Von Dr. med. O. Wolff, G. Leibold, 104 Seiten, kartoniert. ●
Risiko Herzinfarkt
(**1217**-9) Von Dr. C. Halhuber, Prof. Dr. M. J. Halhuber, 160 S., durchgehend zweifarbig, kartoniert. ●●
Krebsangst und Krebs behandeln
Mit einem Vorwort von Prof. Dr. med. Friedrich Douwes.
(**0839**-2) Von G. Leibold, 104 Seiten, kartoniert. ●●
Bewährte Naturheilverfahren bei
Krebs
(**1082**-6) Hrsg. H.-R. Heiligtag, 88 Seiten, kartoniert. ●
Heilen mit Blütenenergien
nach Dr. Bach
(**1141**-5) Von J. Wenzel, ca. 96 S., kartoniert. ●
Bewährte Naturheilverfahren bei
Migränen und Schlafstörungen
(**1081**-8) Von G. Leibold, Dr. med. H. Chr. Scheiner, 112 Seiten, kartoniert. ●
Gesunder Schlaf
Schlafstörungen ohne Medikamente erfolgreich bekämpfen.
(**1036**-2) Von D. H. Alke, 88 S., 22 s/w-Abb., mit Audiokassette, kartoniert. ●●●
Natürliche Behandlungsmethoden bei
Rückenschmerzen
Massage · Gymnastik · Entspannung
(**4447**-X) Von Prof. Dr. med. H. Hess, K. Eder, H.-J. Montag, K. Schutt, 152 S., 168 Farbabbildungen, Pappband. ●●●
TELE-Rückenschule
Wohlbefinden durch bewußte Körpererfahrung
(**1310**-8) Von K. Haak, 64 S., 19 Farb-, 24 s/w-Fotos, 24 Zeichnungen, 2 Ausklapptafeln, mit Audiokassette, kartoniert. ●●●●
TELE-Rückenschule
Wohlbefinden durch bewußte Körpererfahrung
Videokassette (**6108**-0) VHS, ca. 60 Min., in Farbe, mit Broschüre. ●●●●*
Rheuma behandeln und lindern
Mit einem Vorwort von Dr. med. Max-Otto Bruker.
(**0836**-8) Von G. Leibold, 96 Seiten, kartoniert. ●
Besser sehen durch Augentraining
Ein Bewegungsprogramm zur Verbesserung des Sehvermögens.
(**0914**-3) Von K. Schutt, B. Rumpler, 96 S., 32 s/w-Zeichnungen, kartoniert. ●●
So arbeitet das
Immunsystem
(**1253**-5) Von V. Friebel, I. Ledvina, A. Roßmeier, 192 Seiten, durchgehend zweifarbig, kartoniert. ●●●

Allergien behandeln und lindern
Mit einem Vorwort von Prof. med. Axel Stemmann.
(**0840**-6) Von G. Leibold, 96 Seiten, 4 Zeichnungen, kartoniert. ●

Enzyme
Vitalstoffe für die Gesundheit
(**0677**-2) Von G. Leibold, 96 S., kartoniert. ●

Besser leben durch Fasten
(**0841**-4) Von G. Leibold, 96 S., kartoniert. ●

Massagetechniken und Heilanzeigen
Reflexzonentherapie
(**4404**-6) Von G. Leibold, 128 Seiten, 53 Farbzeichnungen, Pappband. ●●●

Akupressur zur Eigenbehandlung
(**0417**-6) Von G. Leibold, 112 S., 78 Abb., kartoniert. ●

Shiatsu-Massage
Harmonisierung der Energieströme im Körper
(**0615**-2) Von G. Leibold, 196 S., 180 Abb., kartoniert. ●●●

Fußsohlenmassage
Heilanzeigen · Technik · Selbsthilfe
(**0714**-0) Von G. Leibold, 96 S., 38 Zeichnungen, kartoniert. ●

Entspannung und Schmerzlinderung durch **Massage**
(**0750**-7) Von B. Rumpler, K. Schutt, 112 S., 116 zweifarbige Zeichnungen, kartoniert. ●

Gesundheit und Entspannung durch **Massage**
(**1317**-5) Von K. Schutt, 168 S., 126 Farbfotos., 61 Farbzeichnungen, kartoniert. ●●●

Gesundheit für Körper und Seele
Entspannung
(**1471**-6) Von K. Schutt, ca. 80 Seiten, durchgehend zweifarbig, kartoniert, Audiokassette ca. 60 Minuten Laufzeit. ●●●●

Entspannung
(**0834**-1) Von Dr. Med. Chr. Schenk, 88 S., 29 Zeichnungen, kartoniert. ●

Autogenes Training
Ein Programm zur Streßbewältigung
(**1278**-0) Von Dr. P. Kruse, B. Pavlekovic, K. Haak, 112 S., durchgehend zweifarbig, kartoniert. ●●●

Erfolg und Lebensfreude durch
Autogenes Training und Psychokybernetik
(**1035**-4) Von D. H. Alke, 80 Seiten, 2 s/w-Zeichnungen, mit Audiokassette, kartoniert. ●●●

Chinesisches Schattenboxen
Tai-Ji-Quan
für geistige und körperliche Harmonie
(**0850**-3) Von F.T. Lie, 120 S., 221 s/w-Fotos, 9 s/w-Zeichnungen, Beilage: 1 s/w-Poster mit zahlreichen Abbildungen, kartoniert. ●●

AOK-Bibliothek
Qi-Gong im Alltag
Chinesische Atem- und Bewegungsübungen
(**1316**-7) Von L. U. Schoefer, ca. 80 Seiten, durchgehend vierfarbig, zahlreiche Fotos, kartoniert. ●●

AOK-Bibliothek
Qi-Gong im Alltag
Chinesische Atem- und Bewegungsübungen
(**1427**-9) Von L. U. Schoefer, ca. 80 Seiten, durchgehend vierfarbig, zahlreiche Fotos, kartoniert, mit Audiokassette. ●●●

AOK-Videothek
Qi-Gong im Alltag
Chinesische Atem- und Bewegungsübungen
(**6179**-X) Von L. U. Schoefer, ca. 60 Minuten Laufzeit. ●●●

Yoga für jeden
(**1277**-2) Von K. Zebroff, 144 Seiten, Spiralbindung, durchgehend vierfarbig, kartoniert. ●●●

Yoga
Weg zur Harmonie
(**4417**-8) Von A. Harf, W. von Rohr, 176 S., 171 Farbf., 12 s/w-Zeichn., Pappband. ●●●●

Yoga gegen Haltungsschäden und Rückenschmerzen
(**0394**-3) Von A. Raab, 104 S., 215 Abb., kart. ●

AOK-Bibliothek
Radwandern
für die Gesundheit
(**1369**-8) Von S. Kälberer, J.–U. Knoll, 128 S., 126 Farbfotos, kartoniert. ●●●

AOK-Biblbiothek
Osteoporose
Vorbeugen · Diagnose · Behandlung
(**1371**-X) Von A. Baumgarten, 96 S., 74 Farbfotos, 17 Farbzeichn., kartoniert. ●●●

AOK-Bibliothek
Erkältungskrankheiten
Vorbeugung und Behandlung
(**1372**-8) Von G. Leibold, 112 S., 74 Farbfotos, 7 Farbzeichn., kartoniert. ●●●

AOK-Bibliothek
Krankenpflege zu Hause
Anleitungen, Tips und Informationen
(**1373**-6) Von S. Hof, 104 S., 68 Farbfotos, 32 Farbzeichn., kartoniert. ●●●

PfundsKur Kochbuch
(**4726**-6) Von F. Metzler, 112 S., 81 Farbfotos, Pappband. ●●●

Fit ohne Fett
Die neue PfundsKur
(**1370**-1) Von Prof. Dr. V. Pudel, 128 Seiten, kartoniert. ●

Die aktuelle
Ballaststofftabelle
(**1288**-8) Von Dr. H. Oberritter, 80 Seiten, kartoniert. ●

Neue Rezepte für **Diabetiker-Diät**
Vollwertig · abwechslungsreich · kalorienarm
(**0418**-4) Von M. Oehlrich, 96 S., 4 Farbtafeln, kartoniert. ●

Diät bei Herzkrankheiten und Bluthochdruck
Rezeptteil von B. Zöllner
(**3202**-1) Von Prof. Dr. med. H. Rottka, 92 S., 4 Farbtafeln, kartoniert. ●●

Diät bei Erkrankungen der Nieren, Harnwege und bei Dialysebehandlung
Rezeptteil von B. Zöllner
(**3203**-X) Von Prof. Dr. med. Dr. h. c. H. J. Sarre und Prof. Dr. med. R. Kluthe, 96 S., 33 Farbfotos, 1 s/w-Zeichnung, kartoniert. ●●

Diät bei Gicht und Harnsäuresteinen
Rezeptteil von B. Zöllner
(**3205**-6) Von Prof. Dr. med. N. Zöllner, 112 S., 35 Farbtafeln, kartoniert. ●●

Diät bei Zuckerkrankheit
Rezeptteil von B. Zöllner (**3206**-4) Von Prof. Dr. med. P. Dieterle, 112 S., 42 Farbfotos, 4 vierfarbige Vignetten, 1 s/w-Zeichnung, kartoniert. ●●

Diät bei erhöhtem Cholesterinspiegel und anderen Fettstoffwechselstörungen
Rezeptteil von B. Zöllner.
(**3208**-0) Von Prof. Dr. med. G. Wolfram, 102 S., 32 Farbfotos, kartoniert. ●●

Ballaststoffreiche Kost bei Funktionsstörungen des Darms
Rezeptteil von B. Zöllner
(**3212**-9) Von Prof. Dr. med. H. Kasper, 96 Seiten, 34 Farbfotos, 1 s/w-Foto, kartoniert. ●●

Diät bei Krankheiten des Magens und Zwölffingerdarms
Rezeptteil von B. Zöllner
(**3201**-3) Von Prof. Dr. med. H. Kaess, 96 Seiten, 35 Farbfotos, 1 s/w-Zeichnung, kartoniert. ●●

Diät bei Krankheiten der Gallenblase, Leber und Bauchspeicheldrüse
Rezeptteil von B. Zöllner.
(**3207**-2) Von Prof. Dr. med. H. Kasper, 88 Seiten, 35 Farbfotos, 1 s/w-Zeichnung, , kartoniert. ●●

Video

Hobby Aquarellmalen
Landschaft und Stilleben
(**6022**-X) VHS, 40 Min., in Farbe, mit Begleitheft. ●●●●

Hobby Ölmalerei
Landschaft und Stilleben
(**6025**-4) VHS, 40 Min., in Farbe, mit Begleitheft. ●●●●

Seidenmalerei
leicht gemacht
(**6173**-0) VHS, ca. 30 Min., in Farbe ●●●●*

Basteln mit Kindern
(**6041**-6) VHS, 60 Min., in Farbe, mit Vorlagen in Originalgröße, mit Begleitheft. ●●●*

Die Modelleisenbahn
Anlagenbau in Modultechnik
(**6028**-9) VHS, 30 Min., in Farbe. ●●●

Golf
(**6053**-X) VHS, 60 Min., in Farbe, mit Begleitheft. ●●●●●

Reiten
(**6097**-1) VHS, ca. 60 Min., in Farbe, mit Begleitbroschüre. ●●●●*

Karate
Einführung und Grundtechniken
(**6037**-6) VHS, ca. 45 Min., in Farbe, mit Begleitbroschüre. ●●●●*

Skigymnastik perfekt
(**6052**-1) VHS, 60 Min., in Farbe, mit Begleitbroschüre. ●●●●*

Snowboarding
(**6139**-0) VHS, ca. 45 Min., in Farbe, mit Broschüre.●●●*

Pflanzenjournal
Blumen- und Pflanzenpflege im Jahreslauf
(**6036**-X) VHS, 30 Minuten, mit Begleitheft. ●●●●*

Schnitt und Pflege
von Bäumen und Sträuchern
(**6050**-5) VHS, 45 Minuten, in Farbe, mit Begleitheft. ●●●●*

Erfolgreiche Streßbewältigung
Autogenes Training
Video 1: Einführung und Kurs
Video 2: Übungen
(**6132**-3) VHS, jeweils ca. 60 Minuten, in Farbe. ●●●●

Aktfotografie
Gestaltung/Technik/Spezialeffekte
Interpretationen zu einem unerschöpflichen Thema
(**6001**-7) VHS, 60 Min., in Farbe, mit Begleitheft. ●●●●●

Videografieren perfekt
Profitricks für Aufnahmetechnik und Nachbearbeitung
(**6042**-4), (**6044**-4) Video 8, 60 Min., in Farbe, mit Begleitheft. ●●●●●

Besser Videofilmen
(**6172**-2) VHS, ca. 60 Minuten, in Farbe. ●●●●●

Top-Form Gymnastik
Ein Bewegungsprogramm für pfundige Leute
(**6144**-7) VHS, ca. 30 Minuten, in Farbe. ●●●●

Fitt ohne Fett
PfundsKur Video
(**6142**-0) VHS, ca. 40 Minuten, in Farbe.●●●●*

Streicheleinheiten für Körper und Seele
Partnermassage
(**6051**-3) VHS, 45 Min., in Farbe, mit Begleitheft. ●●●●*
Tele Partner Massage
Zärtliche Entspannung zu zweit
(**6131**-5) VHS, ca. 60 Minuten, in Farbe. ●●●●*
Sinnliche Stunden
(**6099**-8) VHS, ca. 60 Min., in Farbe, mit Begleitbroschüre. ●●●●●
Nie wieder rauchen
(**6100**-5) VHS, ca. 45 Min., in Farbe, mit Begleitbroschüre. ●●●●*
New York
(**6151**-X) VHS, ca. 60 Min., in Farbe. ●●●●*
Kalifornien
(**6152**-8) VHS, ca. 60 Min., in Farbe. ●●●●*
USA Südwest
(**6153**-6) VHS, ca. 60 Min., in Farbe. ●●●●*
Florida
(**6154**-4) VHS, ca. 60 Min., in Farbe. ●●●●*
Hawaii
(**6164**-1) VHS, ca. 60 Min., in Farbe. ●●●●*

Irland
(**6167**-6) VHS, ca. 60 Min., in Farbe. ●●●●*
Norwegen
(**6161**-7) VHS, ca. 60 Min., in Farbe. ●●●●*
Kanarische Inseln
(**6162**-5) VHS, ca. 60 Min., in Farbe. ●●●●*
Mallorca
(**6143**-9) VHS, ca. 60 Min., in Farbe. ●●●●*
Toscana
(**6148**-X) VHS, ca. 60 Min., in Farbe. ●●●●*
Rom
(**6145**-5) VHS, ca. 60 Min., in Farbe. ●●●●*
Venedig
(**6146**-3) VHS, ca. 60 Min., in Farbe. ●●●●*
Florenz
(**6147**-1) VHS, ca. 60 Min., in Farbe. ●●●●*
Paris
(**6157**-9) VHS, ca. 60 Min., in Farbe. ●●●●*
Wien
(**6158**-7) VHS, ca. 60 Min., in Farbe. ●●●●*
London
(**6159**-5) VHS, ca. 60 Min., in Farbe. ●●●●*

Prag
(**6165**-X) VHS, ca. 60 Min., in Farbe. ●●●●*
Griechische Inseln
(**6166**-8) VHS, ca. 60 Min., in Farbe. ●●●●*
Kuba
(**6150**-1) VHS, ca. 60 Min., in Farbe. ●●●●*
Dominikanische Republik
(**6163**-3) VHS, ca. 60 Min., in Farbe. ●●●●*
Malediven
(**6156**-0) VHS, ca. 60 Min., in Farbe. ●●●●*
Bali
(**6149**-8) VHS, ca. 60 Min., in Farbe. ●●●●*
Thailand
(**6155**-2) VHS, ca. 60 Min., in Farbe. ●●●●*
Hongkong
(**6160**-9) VHS, ca. 60 Min., in Farbe. ●●●●*
Berlin
(**6177**-3) Laufzeit ca. 60 Minuten. ●●●*
Tunesien
(**6174**-9) Laufzeit ca. 60 Minuten. ●●●*
Kanada
(**6178**-1) Laufzeit ca. 60 Minuten. ●●●*

Bestellschein

Erfüllungsort und Gerichtsstand für Vollkaufleute ist der jeweilige Sitz der Lieferfirma. Für alle übrigen Kunden gilt dieser Gerichtsstand für das Mahnverfahren. Falls durch besondere Umstände Preisänderungen notwendig werden, erfolgt Auftragserledigung zu dem bei der Lieferung gültigen Preis.

Ich bestelle hiermit aus dem Falken-Verlag GmbH, Postfach 1120, D-65521 Niedernhausen/Ts., durch die Buchhandlung:

_____ Ex. _____

_____ Ex. _____

_____ Ex. _____

_____ Ex. _____

Name: _____   Datum: _____

Straße: _____

Ort: _____   Unterschrift: _____

Die hier vorgestellten Bücher, Videokassetten und Software sind in folgende Preisgruppen unterteilt:
● Preisgruppe bis DM 10,–/S 79,–/SFr 11,–   ●●● Preisgruppe über DM 20,– bis DM 30,–   ●●●● Preisgruppe über DM 30,– bis DM 50,–
●● Preisgruppe über DM 10,– bis DM 20,–   S 161,– bis S 240,–   S 241,– bis S 400,–
S 80,– bis S 160,–   SFr 21,– bis SFr 30,–   SFr 30,– bis SFr 50,–
SFr 10,– bis SFr 21,–   ●●●●● Preisgruppe über DM 50,–/S 401,–/SFr 50,–   *(unverbindliche Preisempfehlung)

Die Preise entsprechen dem Status beim Druck dieses Verzeichnisses (s. Seite 1) – Änderungen, im besonderen der Preise, vorbehalten –

Falken-Verlag GmbH · Postfach 1120   D-65521 Niedernhausen/Ts. · Tel.: 0 61 27 / 70 20